© Assimil 2013
ISBN 978-2-7005-0568-9
Création graphique : Atwazart

Anglais

Anthony Bulger

B.P. 25
94431 Chennevières sur Marne cedex
France

Cet ouvrage ne prétend pas remplacer un cours de langue, mais si vous investissez un peu de temps dans sa lecture et apprenez quelques phrases, vous pourrez très vite communiquer. Tout sera alors différent, vous vivrez une expérience nouvelle.

Un conseil : ne cherchez pas la perfection ! Vos interlocuteurs vous pardonneront volontiers les petites fautes que vous pourriez commettre au début. **Le plus important, c'est d'abandonner vos complexes et d'oser parler.**

Partie I — INTRODUCTION (9)

- **Comment utiliser ce guide** 9
- **La Grande-Bretagne : faits et chiffres** 10
- **Trois pays, une identité ?** 11
- **La Grande-Bretagne : quelques données historiques** 11
- **La langue anglaise** 12
- **Apprendre l'anglais** 13

Partie II — INITIATION À L'ANGLAIS (15)

- **Du 1er jour au 21e jour** 15

Partie III — CONVERSATION (57)

- **Premiers contacts** 57
  - Salutations 57
  - Titres 58
  - Accord, désaccord, politesse 59
  - Questions, réponses 59
  - Langage du corps 60
  - Langue et compréhension 60
- **Rencontre et présentation** 61
  - Se rencontrer 61
  - Dire d'où l'on vient 62
  - Dire son âge 64
  - Famille 64
  - Emplois, activités, études 66
  - Religions 67
  - Le temps qu'il fait 68

Impression et sentiments	70
Invitation, sortie	70
Rendez-vous	71
L'amour	72

Temps, dates, fêtes — **72**
Dire l'heure	72
Dire une date	75
Vocabulaire du temps, des jours et des saisons	76
Jours fériés	78

Appel à l'aide — **79**
Urgences	79

Écriteaux, panneaux — **81**
Abréviations courantes	82

Voyager — **83**
Change	84
En avion	84
En train	86
En car	88
En taxi	89
En deux-roues	89
En bateau/en ferry	90
Louer une voiture	91
Circuler en voiture	92
Mots utiles	94
Panneaux	94

En ville — **95**
Pour trouver son chemin	95
À pied et en voiture	97

Métro, bus, tramway	98
Visite d'expositions, musées, sites	98
Autres curiosités	99
Sorties (cinéma, théâtre, concert…)	100
La nuit	101
À la poste	102
Au téléphone	102
Internet	104
L'administration	105
À la banque	106

Plage, piscine et sports de loisir — **107**

Camper et camping	109

Hébergement — **110**

Réservation d'hôtel	111
À la réception	112
Vocabulaire des services	113
Vocabulaire du petit-déjeuner	113
En cas de petits problèmes	115
Régler la note	116

Nourriture — **117**

Au restaurant	118
Spécialités et plats traditionnels	120
Vocabulaire des mets, aliments et condiments	122
La restauration rapide	126
Façons de préparer	127
Boissons alcoolisées et étiquette au pub	127
Autres boissons	129

Achats et souvenirs — **130**

Magasins et services	130
Livres, revues, journaux	132
Pressing	133
Vêtements et chaussures	134
Tabac	137
Photo	138
Provisions	139
Souvenirs, cadeaux	141

Rendez-vous professionnels **142**
- Fixer un rendez-vous 142
- Visiter l'entreprise 143

Vocabulaire de l'entreprise 144
- Salons et expositions 146

Santé **147**
- Chez le médecin et aux urgences 147
- Symptômes 148
- Douleurs et parties du corps 149
- Santé de la femme 150
- Soins médicaux 151
- Chez le dentiste 152
- Chez l'opticien 153
- Pharmacie 154

Partie IV

INDEX THÉMATIQUE 157

Introduction

↗ Comment utiliser ce guide

La partie "Initiation"

Vous disposez d'une demi-heure quotidienne ? Vous avez trois semaines devant vous ? Alors commencez par la partie "Initiation", 21 mini-leçons qui vous donnent sans complications inutiles les bases de l'anglais britannique courant, celui dont vous aurez besoin pour comprendre et parler :
- lisez la leçon du jour en suivant le texte puis dites vous-même les phrases en consultant la traduction et la transcription ;
- lisez ensuite les brèves explications grammaticales : elles développent quelques mécanismes que vous pourrez vous-même mettre en œuvre ;
- faites le petit exercice final, vérifiez que vous avez tout juste… et n'oubliez pas la leçon suivante le lendemain !

La partie "Conversation"

Pour toutes les situations courantes auxquelles vous allez être confronté(e) durant votre voyage, la partie "Conversation" de ce guide vous propose une batterie complète d'outils : des mots, mais aussi des structures de phrases variées que vous pourrez utiliser en contexte. Tous les mots sont accompagnés de leur traduction (avec parfois le "mot à mot" si la structure est très différente du français) et d'une prononciation figurée simple qui transcrit le plus fidèlement possible les sons anglais en utilisant l'alphabet ordinaire, sans symboles. Même si vous n'avez aucune connaissance préalable de l'anglais, ce "kit de survie" prêt à l'usage fera de vous un voyageur autonome.

↗ La Grande-Bretagne : faits et chiffres

Superficie	243 610 km²
Population (2012)	63 047 160 habitants
Capitale(s) Écosse Pays de Galles	Londres (population 7,83 millions) Édimbourg Cardiff
Langue officielle Langues régionales reconnues officiellement	Anglais Cornique, écossais, gaélique écossais, gallois
Monnaie	Livre sterling (£, GBP)
Régime politique	Démocratie parlementaire
Religions (majoritaires)	Christianisme (anglican, catholique, presbytérien, méthodiste)

The United Kingdom of Great Britain and Northern Ireland – son titre officiel – est composé de l'Angleterre, du pays de Galles et de l'Écosse, qui forment **Great Britain**, la *Grande-Bretagne*. Elle inclut aussi les six comtés de l'Irlande du Nord et quelques centaines d'îles au large des côtes. Le terme **the British Isles**, *les Îles britanniques*, désigne l'archipel composé de la Grande-Bretagne, de l'Irlande et des îles adjacentes. Dans le langage courant, on parle de **Britain** ou **the UK**.

La Grande-Bretagne (dans ce livre nous ne parlerons pas de l'Irlande du Nord, par manque de place) est divisée en quelques 80 *comtés* (**counties**), connus aussi sous le nom de **shires**. Il existe aussi six **metropolitan counties** autour des plus grandes agglomérations (dont Londres).

↗ Trois pays, une identité ?

L'Angleterre, le pays de Galles et l'Écosse ont chacun une identité plus ou moins affirmée. Et si les Écossais parlent régulièrement d'indépendance, certains Anglais, eux, réclament la création d'un parlement national qui ne s'occuperait que des affaires anglaises *stricto sensu*. En effet, depuis la fin des années quatre-vingt-dix, l'État a transféré certains pouvoirs au **Scottish Parliament** (Écosse) et à la **Welsh Assembly** (pays de Galles).

De ce fait, la question de l'existence même d'une identité britannique est devenue un thème récurrent dans le débat public, d'autant que la Grande-Bretagne a depuis longtemps adopté une démarche résolument multiculturelle.

Alors, quoi que vous fassiez, évitez de traiter un autochtone d'"**English**" (*Anglais*) sans lui avoir demandé ses origines ! Dans le doute, utilisez **British**.

↗ La Grande-Bretagne : quelques données historiques

55 av. J.-C.	Jules César envahit la Grande-Bretagne
43-70 apr. J.-C.	Colonisation romaine
450-750	Invasions successives des Jutes, Saxons et Angles
597	Évangélisation par saint Augustin, qui devint le premier archevêque de Cantorbéry
790-1040	Invasions vikings
1066	Invasion normande (Guillaume le Conquérant)
1321-22	Guerre civile
1337	Le roi Édouard se déclare héritier du trône de la France ; début de la guerre de Cent Ans

1455-1485	Guerre civile entre les dynasties de York et de Lancaster ("guerre des Deux-Roses")
1536	Union entre l'Angleterre et le pays de Galles
1642-1651	Guerre civile ; exécution de Charles Ier, protectorat de Cromwell
1660	Restauration de la monarchie (Charles II)
1707	Union entre l'Angleterre et l'Écosse
1780	Début de la révolution industrielle
1800	Union avec l'Irlande
1837	Accession au trône de la reine Victoria
1901	Mort de S.A.R. Victoria
1920	Indépendance de l'Irlande
1946-48	Création de l'État-providence (Welfare State), avec un régime de sécurité sociale (National Insurance) et d'une couverture médicale universelle (National Health Service)
1952	Accession au trône de la reine Élizabeth II
1973	Le Royaume-Uni entre dans la Communauté européenne
1979	Margaret Thatcher devient la première femme Premier ministre
1997	Tony Blair élu Premier ministre
1998	Signature de l'accord du Vendredi Saint sur une solution politique aux troubles qui secouent l'Irlande du Nord depuis plus de 30 ans
2007	Démission de Tony Blair, remplacé par Gordon Brown
2010	Premier gouvernement de coalition (conservateurs/libéraux-démocrates) depuis la Deuxième Guerre mondiale
2012	Jeux olympiques de Londres

↗ La langue anglaise

Langue officielle de la Grande-Bretagne (et le sabir semi-officiel du monde entier), l'anglais coexiste avec cinq ou six langues régionales dont le renouveau depuis une trentaine d'années est remarquable. (Au pays de Galles et dans certaines régions d'Écosse, les panneaux routiers sont bilingues.)

La langue anglaise a été formée par une série d'invasions, d'abord celle des tribus germaniques (dont les Angles, à l'origine du mot "**English**"), qui déplacèrent les autochtones et leur langue celte vers les extrémités nord (Écosse) et ouest (Galles) ; ensuite celle des Romains, qui apportèrent le latin ; et enfin les Normands, parlant l'ancêtre du français. Pendant plusieurs siècles, il existait une sorte d'apartheid linguistique avec, d'un côté, la noblesse et les seigneurs, qui parlaient le franco-latin, et de l'autre, la paysannerie, qui conversait en vieil anglais, un mélange de dialectes saxons et celtes. Les deux langues ont évolué et convergé pour enfin donner naissance au **Middle English** (*Moyen anglais*) vers le XIVe siècle et, plus tard – enrichie du vocabulaire de la Renaissance puis de la technologie industrielle – à l'anglais que nous parlons aujourd'hui. Cette double origine est un facteur très important car il en résulte deux niveaux d'expression : une langue formelle et savante composée de mots d'origine latine, et une autre, plus émotive et "terre à terre" avec un vocabulaire germano-saxon. Par exemple, en science politique on parle de **monarch** mais, dans la rue, de **queen** (ou **king**). Vous vous rendrez très vite compte de cette dualité pendant votre voyage en lisant, par ex. les slogans publicitaires et, en parallèle, des documents officiels.

↗ Apprendre l'anglais

Commençons par une bonne nouvelle : les rudiments de la grammaire anglaise sont assez simples. En effet, l'anglais ne possède ni déclinaisons, ni genres, le nombre de formes verbales est plutôt restreint comparé au français, et l'ordre des mots est sensiblement le même. Où est donc le piège ? La prononciation !

Certains sons anglais n'existent pas en français (le français compte entre 33 et 37 phonèmes, ou éléments sonores, contre 47 pour l'anglais), et le lien entre les formes écrite et parlée est parfois ténu. De plus, l'accentuation est beaucoup plus marquée. Une syllabe dans le mot, fortement appuyée, prend l'accent tonique alors que la ou les autres sont quelque peu "avalées". Ainsi, dans le mot **doctor**, l'accent tombe sur la première syllabe, de sorte que la voyelle **o** est peu audible : *[dokt*ë*]*. Ce phénomène est d'autant plus marqué quand le mot est long, par ex. **comfortable** (*confortable*), accentué lui aussi sur la première syllabe, se prononce *[keumftëbël]*. Les règles d'accentuation étant très complexes, nous vous invitons à vous fier à notre prononciation figurée. Vous remarquerez alors que certains "petits" mots (prépositions, pronoms, etc.) se prononcent différemment selon leur place dans la phrase. Notre transcription, écrite "à l'oreille", rend compte de cette diversité. Ainsi, **from** (*de*) est prononcé *[fromm]* à la fin d'une phrase mais *[frëmm]* au milieu.

Initiation

↗ 1er jour

The car is at the airport
La voiture est à l'aéroport

1. **the car**
   DHë kaa
   la voiture

   the boy
   DHë boï
   le garçon

   the girl
   DHë gueurl
   la fille

2. **the doctor**
   *DHë **dok**të*
   le médecin [homme ou femme]

3. **the airports**
   *DHii **air**portss*
   les aéroports

Notes de grammaire

Simple, on vous dit ! Les noms n'ont pas de genre (ainsi, **a doctor**, *un médecin*, peut être un homme ou une femme) et, s'ils se terminent par une consonne, ils forment leur pluriel en ajoutant un **-s** à la fin (**doctor/doctors**). L'article **the** traduit non seulement *le* et *la* mais aussi *les* : **the airports**, *les aéroports*.

Prononciation : Le son "**th**" n'existe pas en français. Il a deux prononciations différentes : dure et sibilante. Avec **the**, nous rencontrons la première. Pour vous en approcher, mettez le bout de la langue entre les dents et prononcez la lettre "d". Notez enfin que **the** se prononce *[Dhë]* devant une consonne initiale mais *[DHii]* devant une voyelle.

Entraînement – Traduisez les phrases suivantes
1. Les garçons et les filles.
2. The car is at the airport.
3. The girl is a singer.

Solutions
1. The boys and the girls.
2. La voiture est à l'aéroport.
3. La fille est chanteuse.

↗ 2ᵉ jour

To be or not to be?
Être ou ne pas être ?

1   He is a man and she is a woman.
*Hii iz ë mann annd chii iz ë **ouou**mënn*
Il est un homme et elle est une femme.

2   "To be or not to be"*: I am an actor.
*tou bii or nott tou bii : aï amm ën **ak**të*
"Être ou ne pas être": je suis (un) acteur.

3   We are French, but they are English.
*ouii aar frèntch beutt DHéé aar **innglich***
Nous sommes français mais ils/elles sont anglais.

Notes de grammaire

Le verbe **to be**, *être* (l'infinitif de tous les verbes, sauf les modaux, est précédé de **to**) ne possède que trois formes au présent, contre cinq en français. Résumons :

I am ("**I**" toujours en majuscule)	je suis
he/she is	il/elle est
we are you are they are	nous sommes tu es / vous êtes ils/elles sont

Vous remarquerez deux choses : **they** signifie à la fois *ils* et *elles* (logique, les noms anglais n'ont pas de genre), mais surtout, **you** traduit *tu* et *vous*. En effet, l'anglais n'a pas de tutoiement, ce qui facilite grandement la vie.

INITIATION À L'ANGLAIS

Prononciation : L'article indéfini s'écrit **a** [eu] devant une consonne et **an** [ann], devant une voyelle. Dans ce dernier cas, on fait une liaison : **an actor** : [an**ak**të].

L'accentuation est beaucoup plus marquée en anglais qu'en français. Une syllabe dans le mot, fortement appuyée, prend l'accent tonique alors que la ou les autres sont "avalées". Ainsi, dans **actor**, l'accent tombe sur la première syllabe, de sorte que la voyelle **o** est peu audible (représentée ici par [ë]). Suivez bien notre prononciation figurée.

* Au bout de deux jours, vous citez déjà Shakespeare – la célèbre citation de *Hamlet* : "Être ou ne pas être." Bravo !

Entraînement – Traduisez les phrases suivantes
1. Nous sommes français.
2. Être ou ne pas être.
3. **She is a woman and he is a man.**
4. **The actors are English.**

Solutions
1. **We are French.**
2. **To be or not to be.**
3. Elle est une femme et il est un homme.
4. Les acteurs sont anglais.

↗ 3ᵉ jour

On holiday
En vacances

1 We're teachers on holiday.
*ouiir **tiit**chëz on **Ho**lidée*
Nous sommes [des] professeurs en vacances.

2 They're at the station in Edinburgh.
*DHair att DHë **stéé**chën inn **èd**innbrë*
Ils sont à la gare à Édimbourg.

3 I'm from London, she's from Leeds and you're obviously Swiss.
*aïm frëmm **leunn**dënn, chiiz frëmm liidz annd iour **ob**viiësslii souiss*
Je suis de Londres, elle est de Leeds et vous êtes / tu es manifestement Suisse(s).

4 Thank you very much.
*THannk iou **vé**rii meutch*
merci toi/vous très beaucoup
Merci beaucoup.

Notes de grammaire
Dans la langue courante, le verbe **to be** (*être*), ainsi que les autres auxiliaires, sont "contractés", c'est-à-dire qu'on supprime une voyelle (remplacée à l'écrit par une apostrophe). Ainsi :

I am	→	I'm
he is/she is	→	he's/she's
we are you are they are	→	we're you're they're

La contraction n'est pas une règle grammaticale mais un usage qui relève d'un niveau de langue plutôt familier. **Il y a peu de formes contractées dans ce livre car il est plus facile de se faire comprendre si on prononce tous les mots, mais vos interlocuteurs, ne s'en priveront pas : vous les trouverez donc dans des phrases-types qui pourraient vous être adressées.**

Notez que l'article partitif (*de*, *du*, etc.) ne se traduit pas lorsqu'il exprime une généralité : **We are teachers**, Nous sommes <u>des</u> professeurs.

Prononciation : Avec **thank**, nous rencontrons le son *[th]* sibilant. Pour vous en approcher, mettez le bout de la langue entre les dents et prononcez un **t** (au lieu d'un **d** pour la forme dure). Les règles qui déterminent quel son va avec quel mot sont trop complexes pour être présentées ici, il faut donc vous fier à notre prononciation figurée. (Sachez toutefois que **-th** est toujours sibilant <u>à la fin d'un mot</u>).

Entraînement – Traduisez les phrases suivantes
1. Elle est à la gare.
2. Merci.
3. **You're obviously from London!**
4. **We're teachers.**

Solutions
1. **She's at the station.**
2. **Thank you.**
3. Vous êtes manifestement de Londres !
4. Nous sommes des professeurs.

↗ 4ᵉ jour

Two beers, please
Deux bières s'il vous plaît

1 I have some matches.
*aï Hàvv seumm **ma**tchëz*
J'ai des allumettes.

2 Two curries and two beers, please.
*tou **keu**riiz annd tou **bii**ëz pliiz*
Deux currys et deux bières s'il vous plaît.

3 It is Friday already. I love Fridays!
*it iz **fraï**déé ol**rè**di aï leuv **fraï**dééz*
il est vendredi déjà. j'adore vendredis
On est déjà vendredi. J'adore le vendredi !

Notes de grammaire

Après **to be** (*être*), l'autre verbe important est **to have** (*avoir*), qui ne possède que deux formes au présent : **has** à la troisième personne du singulier et **have** pour tous les autres pronoms. Comme en français, c'est aussi un auxiliaire.

Nous connaissons **he** (*il*, pour les êtres du sexe masculin) et **she** (*elle*, pour la gente féminine), mais puisque les noms anglais n'ont pas de genre, il existe un autre pronom, **it**, qui s'applique à tous les autres noms mais qui sert aussi de tournure impersonnelle : **It is Friday**, *C'est vendredi*.

Quant au pluriel, nous savons qu'on ajoute un **-s** aux noms se terminant par une consonne, mais ceux qui finissent déjà en **-s**

INITIATION À L'ANGLAIS

ou encore en **-sh**, **-ch** ou **-x** prennent une voyelle de plus : **-es** (**boxes of matches**, *des boîtes d'allumettes*). Enfin, si les noms qui finissent en **-y** <u>précédé d'une voyelle</u> prennent eux aussi un **-s** (**Fridays**, *les vendredis*), ceux se terminant en **-y** <u>précédé d'une consonne</u> forment leur pluriel en **-ies** (**a curry, two curries**).

Prononciation : Le **-s** terminal du pluriel (y compris **-es** et **-ies**) se prononce comme un "z" sauf après les consonnes dites "sourdes" (celles pour lesquelles il n'y a pas de vibration des cordes vocales) : **p**, **f**, **t** et **k**.

Entraînement – Traduisez les phrases suivantes
1. Deux bières, s'il vous plaît ;
2. et un curry.
3. It is a match.
4. We have curry on Fridays.

Solutions
1. Two beers, please;
2. and a curry.
3. C'est une allumette.
4. Nous mangeons [avons] du curry le vendredi.

↗ 5ᵉ jour

Are you French?
Êtes-vous français ?

1 **Are you French? – No, I am not. I am Belgian.**
*aar iou frèntch – noo aï amm nott. aï amm **bel**djèn*
Êtes-vous français ? – Non (je ne suis pas). *Je suis belge.*

2 **Is it Friday? – No, it's Thursday.**
*iz it **fra**ïdéé – noo its **THeuz**déé*
Est-ce vendredi ? – Non, c'est jeudi.

3 **A hot chocolate and two cold beers, please.**
– Sorry, we are closed.
*ë hott **tchok**lët annd tou kold **bii**ëz pliiz – **so**rii ouii arr kloozd*
Un chocolat chaud et deux bières fraîches s'il vous plaît.
– Désolé, nous sommes fermés.

Notes de grammaire

Comme *être* en français, l'interrogatif de **to be** se forme par inversion : **he is = is he?** etc. La négation est très simple : il suffit de mettre **not** après le verbe. **We are not Swiss**, *Nous ne sommes pas Suisses*. Dans la conversation courante, les Britanniques évitent de répondre à une question par un simple **yes** (*oui*) ou **no** (*non*), considérés comme trop "brutal". On préfèrera reprendre le verbe :
– Are you French? – Yes I am.
– Is he Swiss? – No he is not.
Il s'agit d'un usage, non d'une règle ; vous pouvez toujours répondre par un seul mot !

INITIATION À L'ANGLAIS

Les adjectifs sont invariables (rappelons l'absence de genres). Ils se placent normalement avant le nom qu'ils qualifient : **a hot chocolate**, **two cold beers**.

Prononciation : Vous pouvez toujours poser une question en utilisant la forme affirmative mais avec une intonation ascendante à la fin de la phrase. Ainsi, au lieu d'une intonation descendante sur la phrase **You're French** ↘, il suffit de monter la voix, **You're French?** ↗, pour signaler l'interrogation. Facile, mais un peu paresseux !

Entraînement – Traduisez les phrases suivantes
1. Sont-ils/elles suisses ? – Non.
2. Est-ce vendredi ?
3. **Sorry, it is closed.**
4. **Two hot chocolates, please.**

Solutions
1. Are they Swiss? – No, they are not.
2. Is it Friday?
3. Désolé, il/elle [c']est fermé(e).
4. Deux chocolats chauds, s'il vous plaît.

Voilà : après seulement cinq jours, vous savez déjà construire des phrases – simples, certes, mais pratiques – en anglais. N'oubliez pas le principe d'Assimil : un petit travail quotidien pour un résultat optimal.

6ᵉ jour

The ferry arrives at midnight
Le ferry arrive à minuit

1 **The ferry leaves at nine o'clock and arrives at midnight.**
DHë fèrii liivz att naïn ë klok annd ëraïvz ët midnaït
Le ferry part à 9 h/21 h et arrive à minuit.*

2 **I live in Brussels, but I work in Paris. – I love Paris!**
aï liv in breussëlz beutt aï oueurk in pariss – aï leuv pariss
J'habite à Bruxelles mais je travaille à Paris.
– J'adore Paris !

3 **My job? I am a guide.**
maï djob. aï amm ë gaïd
Mon travail ? Je suis (un) guide.

4 **Please do my room after breakfast.**
pliiz dou maï roum aaftë brèkfëst
s'il vous plaît faire ma chambre après petit-déjeuner
Veuillez faire ma chambre après le petit-déjeuner.

5 **Help! I am hurt.**
Hèlp. aï amm Heurt
Au secours (Aide) ! Je suis blessé.

* Sans autre indication, **nine o'clock** peut signifier 9 h et 21 h.

Notes de grammaire

Le présent est très simple à manier : il suffit d'employer l'infinitif sans **to** à toutes les personnes <u>sauf à la troisième du singulier</u>, où on ajoute un **-s** (ou, suivant la même règle que pour le pluriel, **-es** ou **-ies**, voir la 4ᵉ leçon d'initiation). Schématiquement, cela donne :

I, we, you, they	work
he/she/it	work<u>s</u>

L'infinitif sans **to** est aussi l'impératif : **Help!**, *Aidez-[moi !]* ; **Leave!**, *Partez !*

Le troisième verbe très important, avec **to be** et **to have**, est **to do**, qui se traduit par *faire* mais qui sert aussi d'auxiliaire. À la troisième personne, **do** devient **does**. (Retenez ce **-s** de la 3ᵉ personne : il vous sera très utile…)

Prononciation : Alors que le son **do** est long *[douou]*, celui de la troisième personne, **does**, est plus court : *[deuz]*.

Entraînement – Traduisez les phrases suivantes
1. Êtes-vous / Es-tu blessé(es) ? – Non [je ne suis pas].
2. Il occupe [fait] trois emplois.
3. **Two ferries leave at nine, but one arrives at midnight.**
4. **She lives and works in Paris.**

Solutions
1. **Are you hurt? – No I am not.**
2. **He does three jobs.**
3. Deux ferrys partent à 9 h/21 h mais un arrive à minuit.
4. Elle habite et travaille à Paris.

↗ 7ᵉ jour

He knows her
Il la connaît

1 **I don't know London. Is it nice? – No, not really.**
*aï doont noo **leunn**dënn. iz it naïss – noo nott riili*
Je ne connais pas Londres. Est-ce sympa ? – Non, pas vraiment.

2 **She does not know him but he knows her.**
chii deuz nott noo Him beutt Hii nooz heur
Elle ne le connaît pas mais il la connaît.

3 **Do not help them. – Why not?**
dou nott Help DHèmm – ouaï nott
Ne les aidez pas. – Pourquoi [pas] ?

4 **Tell me if the bank is open.**
*tèl mii if DHë bank iz **oo**pënn*
Dites-moi / Dis-moi si la banque est ouverte.

Notes de grammaire

Voici les pronoms compléments d'objet direct, avec le pronom sujet correspondant :

I	me	*me*
he	him	*lui* (personne de sexe masculin)
she	her	*lui* (personne de sexe féminin)
it	it	*lui* (tous les autres noms)
you	you	*te/vous*
they	them	*leur*

Ils ne posent pas de problèmes particuliers par rapport au français.

INITIATION À L'ANGLAIS

Aujourd'hui nous apprenons aussi la forme négative des verbes ordinaires, qui se construit tout simplement avec **to do** et **not** :
I work → I do not work
they live → they do not live
we leave → we do not leave
you know → you do not know

Remarquez ce qui se passe avec la troisième personne : **it close<u>s</u>** → **it doe<u>s</u> not close** – le **-s** passe du verbe à l'auxiliaire (**to close**, *fermer*).

Prononciation : le **k-** initial est muet lorsqu'il est suivi d'un **n**. Ainsi, **know** se prononce exactement comme **no**, *non* : *noo*.

Entraînement – Traduisez les phrases suivantes
1. Pourquoi ? – Je ne sais pas.
2. Est-il sympa ? – Non, pas vraiment.
3. She does not love him but he loves her.
4. The bank does not close on Monday.

Solutions
1. Why not? – I do not know.
2. Is he nice? – No, not really.
3. Elle ne l'aime pas mais il l'aime.
4. La banque ne ferme pas [sur] (le) lundi.

↗ 8ᵉ jour

Do you speak French?
Parlez-vous français ?

1 Does this train go to Leicester? – I don't know.
*deuz DHiss tréen goo tou **lès**të – aï doont noo*
Est-ce que ce train va à Leicester ? – Je ne sais pas. [forme contractée]

2 Do you speak French? – Yes, I do.
dou iou spiik frèntch – iess aï dou
Est-ce que vous parlez / tu parles français ? – Oui (je fais).

3 Are the shops open on Sunday? – I think so.
*aar DHë chops **oo**pënn onn **seun**dée – aï THink soo*
Est-ce que les magasins sont ouverts le (sur) dimanche ?
– Oui, je pense (ainsi).

4 Does it rain a lot in England? – No, it doesn't.
*deuz it réen ë lot in **inn**glënd – noo it **deu**zënt*
Est-ce qu'il pleut beaucoup en Angleterre ?
– Non (il ne fait pas). [forme contractée]

Notes de grammaire

La forme interrogative des verbes ordinaires est construite, comme la négation, avec **do** à toutes les personnes – **you know London → do you know London?** – sauf la troisième du singulier : **it closes on Monday → does it close on Monday?**

Pour répondre à une question posée avec **do/does**, on adopte le même mécanisme que pour **am/is/are**, c'est à dire on répète l'auxiliaire : **Do you like beer? Yes I do** ou **No I do not**.

La négation **do not / does not** peut aussi se contracter en **don't/ doesn't**.

INITIATION À L'ANGLAIS

Enfin, retenez la formule : **I think so / I don't think so** (litt. "Je pense / ne pense pas ainsi"), *Je pense que oui / Je pense que non*.

Prononciation : Notez que **don't** se prononce en une seule syllabe longue *[doont]*, alors que **doesn't** en possède deux, dont la première prend l'accent tonique : *[deuzënt]*.

Entraînement – Traduisez les phrases suivantes
1. Est-ce que ce magasin ouvre le jeudi ?
2. Est-ce vous aimez / tu aimes la bière ? – Non.
3. A lot of trains go to Leicester.
4. Are you French or do you speak French? – No I am not and no I do not.

Solutions
1. Does this shop open on Thursday?
2. Do you like beer? – No, I don't.
3. Beaucoup de trains vont à Leicester.
4. Est-ce vous êtes / tu es français(es) ou est-ce que vous parlez / tu parles [le] français ? – Non, je ne [le] suis pas, et non je ne [le parle] pas.

↗ 9ᵉ jour

Your luggage is in your room
Vos bagages sont dans votre chambre

1 Our hotel is in the city centre.
*aouë Hoo**tèl** iz in DHë **si**ti **senn**të*
Notre hôtel est dans le centre-ville.

2 Your luggage is in your room.
*iourr **leug**idj iz in iorr roum*
Vos/tes bagages sont dans votre/ta chambre.

3 My passport is in my coat pocket.
*maï **pass**portt iz in maï koot **po**kët*
Mon passeport est dans la poche de mon manteau (manteau poche).

4 Has she got her car keys? – No, she uses his car.
*Hazz chii got Heu kaa kiiz – noo chii **iou**zëz Hiz kaa*
A-t-elle ses [à elle] clés de voiture ? – Non, elle utilise sa voiture [à lui].

Notes de grammaire

Voici les adjectifs possessifs. Puisqu'il n'y a ni genres, ni accord entre adjectif et nom, **my** traduit à la fois *mon*, *ma* et *mes*, et ainsi de suite :

I	me	my	*mon, ma, mes*
you	you	your	*ton, ta, tes et vos*
he	him	his	*son, sa, ses* (si le possesseur est du sexe masculin)
she	her	her	*son, sa, ses* (si le possesseur est du sexe féminin)

INITIATION À L'ANGLAIS

it	it	its	*son, sa, ses* (si le possesseur est neutre)
we	us	our	*notre, nos*
they	them	their	*leur, leurs*

À la troisième personne, le choix de l'adjectif possessif dépend du sexe du "possesseur" : **her keys**, *ses clés <u>à elle</u>* ; **his passport**, *son passeport <u>à lui</u>* ; **its centre**, *son centre* (d'une ville, par ex.).

Le verbe **to get** signifie littéralement *obtenir, se procurer* lorsqu'il est suivi d'un nom : **Get me a coffee**, *Allez/Va me chercher un café*. Mais ce petit vocable a de multiples utilisations, notamment lorsque que son participe passé **got** est employé avec l'auxiliaire **to have** pour indiquer la possession : **Do you have a car? → Have you got a car?** Il n'y a aucune différence de sens entre les deux constructions, mais celle avec **get/got** est plus familière.

Entraînement – Traduisez les phrases suivantes
1. Avez-vous/as-tu vos/tes clés ? – Oui, dans la poche de mon manteau.
2. Nos bagages sont dans leur chambre.
3. His passport is in his pocket, and her passport is in her room.
4. Their hotel is in the city centre.

Solutions
1. Have you got your keys? – Yes, in my coat pocket.
2. Our luggage is in their room.
3. Son passeport *[à lui]* est dans sa poche et son passeport *[à elle]* est dans sa chambre.
4. Leur hôtel est [situé] dans le centre-ville.

↗ 10ᵉ jour

(Vous avez sans doute assimilé le fait que **you** signifie à la fois *tu* et *vous*. Dorénavant, nous nous contenterons du vouvoiement dans nos traductions.)

Where is the bus station?
Où est la gare routière ?

1 **Excuse me, where is the bus station?**
ekskiouz mii ouèr iz DHë beuss stééchënn
Excusez-moi, où est la gare routière (station bus) ?

2 **When does the next train for Plymouth leave?**
ouènn deuz DHë nekst tréénn for plimëTH liiv
quand fait le prochain train pour Plymouth partir
Quand part le prochain train pour Plymouth ?

3 **Why is this coat so expensive?**
ouaï iz DHiss koot soo ekspensiv
Pourquoi est-ce que ce manteau est si cher ?

4 **Who is that man over there?**
Hou iz DHat mann oovë DHèr
Qui est cet homme là-bas ?

5 **What is your name?**
ouot iz ior néém
Quel est votre nom ?

Notes de grammaire
Nous savons que la plupart des questions se forment avec l'auxiliaire (**be**, **have**, **do**) + le sujet + le verbe (**Do you like beer?** *Aimez-vous la bière ?*, etc.).

INITIATION À L'ANGLAIS

Voici à présent quelques-uns des mots interrogatifs les plus courants. Vous remarquerez qu'ils commencent tous par **wh-** :

what	quel(le), parfois que
when	quand
where	où
who	qui
why	pourquoi

Deux autres mots très utiles pour formuler des questions sont les démonstratifs **this**, ceci, qui désigne quelque chose (ou quelqu'un) qui se situe près de soi, et **that**, cela, pour indiquer un objet (ou une personne) plus éloigné : ☞ **this bus** (tout près) ; ☞ **that train** (là-bas). Les pluriels sont **these** et **those**.

Prononciation : Dans certains mots commençant par **wh-** la lettre **w** est muette. On prononce simplement le **h**. Par ex., **who** → [Hou]. Regardez bien le tableau ci-dessus.

Entraînement – Traduisez les phrases suivantes
1. Ce manteau-ci est cher mais celui-là ne l'est pas.
2. Où est sa voiture [à lui] ? – Là-bas.
3. **What is the name of your hotel?**
5. **When is the next bus to Oxford?**

Solutions
1. **This coat is expensive but that one is not.**
2. **Where is his car? – Over there.**
3. Quel est le nom de votre hôtel ?
4. Quand part (est) le prochain bus pour Oxford ?

↗ 11ᵉ jour

How are you?
Comment allez-vous ?

1 How are you?
Hao aar iou
Comment allez (êtes)-vous ?

2 How's his friend?
Haouz Hiz frènd
Comment va (est) son ami(e) [à lui] ?

3 How do you say "ticket office" in French?
*Hao dou iou séé **ti**két ofiss in frèntch*
Comment dites-vous "guichet" en français ?

4 How much does this book cost?
Hao meutch deuz DHis bouk kost
comment beaucoup ce livre coûte
Combien coûte ce livre ?

5 How many pennies are there in a pound?
*Hao **mé**ni **pè**niz aar DHèr in ë paound*
comment beaucoup/plein pennys y a-t-il dans une livre
Combien de pennys y a-t-il dans une livre ?

Notes de grammaire

Voici un dernier mot interrogatif **how** *[Hao]* : *comment*. Dans notre exemple, nous utilisons une formulation courante pour s'enquérir de la santé de quelqu'un : **How are you?** (litt. *Comment êtes-vous ?*), *Comment allez-vous / vas-tu ?*

En parlant de quantités, l'anglais fait une différence entre des noms "dénombrables" – les choses qu'on peut compter, comme 2 bus ou 4 trains – et ceux qui sont indénombrables. Il faut tenir compte de cette différence notamment lorsqu'on formule une question. Voici un pense-bête : **How many cars?** (*Combien de voitures ?* : on peut les compter) mais **How much money?** (*Combien d'argent ?*, une quantité indénombrable). Dans la question **How much does XX cost?**, much réfère à une quantité d'argent, non au nombre d'individuel de pièces ou de billets.

Prononciation : Vous avez sans doute remarqué que nous utilisons la forme contractée avec **how's** mais pas avec **how are**. La raison est simple : **how're** serait très difficile à prononcer ! Ainsi, les contractions se font naturellement.

Entraînement – Traduisez les phrases suivantes
1. Comment va Sheila ? Et comment va son ami(e) ?
2. Comment est-ce que vous savez où elle habite ?
3. How much is that book?
4. How many friends has he got on Facebook?

Solutions
1. How is Sheila? And how's her friend?
2. How do you know where she lives?
3. Combien coûte ce livre-là ?
4. Combien d'amis a-t-il sur Facebook ?

↗ 12ᵉ jour

My parents' favourite restaurant
Le restaurant préféré de mes parents

1 Whose is this passport? Does it belong to Steve?
*Houz iz DHis **pass**portt – deuz it **bii**long tou stiiv*
À qui est ce passeport ? – Appartient-il à Steve ?

2 No, it's mine. That one is Steve's passport.
*noo its main. DHat ouann iz stiivz **pass**portt*
Non, c'est le mien. Celui-là est le passeport de Steve (Steve-de passeport).

3 This is my parents' favourite restaurant. It's called Mario's.
*DHis iz maï **pa**irents **féé**vrit **rest**ronnt. its korld **ma**riiooz*
Ceci est le restaurant préféré de mes parents (mes parents-préféré restaurant). Il s'appelle (est appelé) Chez Mario.

4 Mario's Italian, I suppose?
*ma**riiooz i**talieun aï së**pooz***
Mario est italien je suppose ?

5 No, his real name's Fred!
noo Hiz riil néémz fred
Non, son vrai nom est Fred !

Notes de grammaire

Voici un dernier mot interrogatif : **whose...?**, *à/de qui ?* Invariable, il est normalement suivi de l'auxiliaire **to be** : **Whose is this?** / **Whose are these/those?**, *À qui est ceci ? / À qui sont ceux-ci ?* (Rappelons que **these** et **those** sont les pluriels, respectivement, de **this** et **that** – voir 10ᵉ leçon).

Nous apprenons aussi le cas possessif. Pour traduire *le passeport de Steve*, au lieu de dire **the passport of Steve**, nous marquons la possession en ajoutant **-'s** au possesseur et en plaçant celui-ci devant l'objet possédé : **Steve's passport.** Si le nom est pluriel il suffit d'ajouter l'apostrophe : **my parents' restaurant**. Les deux règles d'or sont : mettez le possesseur devant sa possession et, surtout, ne traduisez pas l'article défini du français : *le restaurant de Steve* : **Steve's restaurant**.

(Le cas possessif s'emploie souvent dans les noms commerciaux, notamment des restaurants : **Mario's Restaurant** ou, le plus souvent, simplement **Mario's** – comme *Chez Mario* en français.)

Attention : **-'s** peut aussi être la contraction de **is** (**Mario is Italian → Mario's Italian**). C'est pour cette raison que nous avons choisi d'employer peu de contractions dans ce petit guide.

Entraînement – Traduisez les phrases suivantes
1. À qui est ce manteau ?
2. Chez Mario est le restaurant préféré de mes parents.
3. **Whose are those passports? Are they his?**
4. **Is that Steve's passport? – No, it's mine.**

Solutions
1. **Whose is this coat?**
2. **Mario's is my parents' favourite restaurant.**
3. À qui sont ces passeports-là ? Est-ce qu'ils sont à lui ?
4. Est-ce le passeport de Steve ? – Non, c'est le mien.

↗ 13ᵉ jour

I don't want any
Je n'en veux pas

1 **I want some coffee.**
*aï ouònnt seumm **ko**fii*
Je veux du café.

2 **I don't have any coffee today, but I have some tea.**
*aï doont Hàvv **è**nni **ko**fii të**dée** beut aï Hàvv seumm tii*
Je n'ai pas de café aujourd'hui mais j'ai du thé.

3 **No thanks, I don't want any.**
*noo THannks aï doont ouònnt **è**nni*
Non merci, je n'en veux pas.

4 **Where can I find a café?**
*ouèr kann aï faïnd ë **ka**féé*
Où puis-je trouver un café [établissement] ?

5 **There aren't any cafés near here.**
*DHèr aant **è**nni **ka**fééz **nii**-ë **Hii**-ë*
Il n'y a pas de cafés près (d')ici.

Notes de grammaire

Voici deux mots très importants : **some** et **any**. Ils s'appliquent aux quantités, comme *du /de la* en français. **Some** est utilisé dans une phrase affirmative pour exprimer une quantité non précisée : **I have some English money**, *J'ai de l'argent anglais* (on ne sait pas combien). **Any** s'emploie <u>toujours</u> dans une phrase négative avec le même sens **We don't have any coffee**, *Nous n'avons pas de café*.

Nous faisons aussi connaissance avec le verbe auxiliaire **can**, *pouvoir*. Très utile, **can** a aussi l'avantage de n'avoir qu'une seule forme au présent (et pas d'infinitif) :

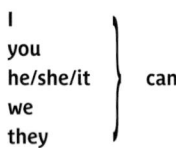

Si **can** est suivi d'un verbe, celui-ci est à l'infinitif sans **to** : **you can find**, *vous pouvez trouver*.

Prononciation : **some** est prononcé exactement comme le nom **a sum**, *une somme*, c'est-à-dire *[seum]*. Le **a** de **any** se prononce comme un è : *[ènni]*.

Enfin, notez que l'anglais possède deux mots pour *café* : **coffee** (la boisson) et **café** (l'établissement).

Entraînement – Traduisez les phrases suivantes
1. Nous n'avons pas d'argent anglais.
2. Il n'y a pas de bus aujourd'hui.
3. **He wants some coffee.**
4. **But he doesn't want any tea.**

Solutions
1. **We don't have any English money.**
2. **There aren't any buses today.**
3. Il veut du café.
4. Mais il ne veut pas de thé.

↗ 14ᵉ jour

Have you got any English money?
Avez-vous de l'argent anglais ?

1   Do you have any aspirin?
*dou iou Hàvv ènni **ass**prin*
Avez-vous de l'aspirine ?

2   No I haven't. I must buy some.
*noo aï **Ha**vënnt. aï meust baï seumm*
Non, je n'en ai pas. Je dois en acheter.

3   Excuse me, have you got some mineral water?
*eks**kiouz** mii Hàvv iou got seumm **mi**nërël ouortë*
Excusez-moi, avez-vous de l'eau minérale ?

4   Does anybody here speak French?
*deuz ènnibodi **Hii**-ë spiik frèntch*
Est-ce que quelqu'un ici parle français ?

5   I think there's someone in the tourist office.
*aï THink DHèrz **seum**ouann in DHë **tou**rist **o**fiss*
Je pense qu'il y a quelqu'un à (dans) l'office de tourisme.

Notes de grammaire

Voici quelques détails supplémentaires concernant **some**, **any** et leurs dérivés.

Il y a une légère nuance entre **Do you have any…** et **Do you have some…** : dans le premier cas, on ne sait pas si la personne interrogée répondra oui ou non, mais dans le second, on s'attend à une réponse positive (par ex., vous pouvez poser la question **Do you have / Have you got some mineral water?** dans un restaurant où, logiquement, on vous répondra "oui"). Dans la pratique, si vous confondez les deux, personne ne vous en voudra !

Ces règles s'appliquent aussi aux dérivés **somebody** et **anybody**, *quelqu'un* (**a body**) signifie *un corps*). Dans nos exemples, on pose la question **Does anyone speak French?** car on ignore s'il y a un francophone, alors que la phrase affirmative **I think there is someone** suggère qu'il y ait effectivement quelqu'un.

Enfin, après **can**, nous rencontrons le deuxième verbe auxiliaire important : **must**, *devoir*, *être obligé de faire quelque chose*. Et comme **can**, **must** n'a qu'une seule forme au présent et aucun infinitif ; le verbe qui le suit est à la forme infinitive sans **to**.

Entraînement – Traduisez les phrases suivantes
1. Nous devons acheter de l'eau minérale.
2. Avez-vous de l'argent anglais ? – Non, je n'en ai pas.
3. I think somebody in the tourist office speaks French.
4. Does anyone have any aspirin?

Solutions
1. We must buy some mineral water.
2. Have you got any English money? – No I haven't.
3. Je pense que quelqu'un à l'office de tourisme parle français.
4. Est-ce quelqu'un a de l'aspirine ?

Cela fait deux semaines que vous apprenez petit à petit les rudiments de la grammaire anglaise. Avouez que ce n'est pas d'une complexité inouïe ! Encore une petite semaine et vous serez prêt(e) pour le départ...

↗ 15ᵉ jour

The train is slower than the plane
Le train est plus lent que l'avion

1 **What is the fastest way to get to Scotland?**
*ouot iz DHë **faa**stëst ouéé tou gett tou **skott**lënd*
Quel est le moyen le plus rapide (plus rapide moyen) pour aller en Écosse ?

2 **The train is slower than the plane but it's nicer.**
*DHë tréénn iz **sloo**ë DHën DHë pléén beutt its naïssë*
Le train est plus lent que l'avion mais il est plus agréable.

3 **What's the most interesting place in Edinburgh?**
*ouots DHë moost **in**trestinng pléess inn **è**dinnbrë*
Quel est l'endroit le plus intéressant à (le plus intéressant endroit dans) Édimbourg ?

4 **The castle is more interesting than the cathedral.**
*DHë **kaa**ssël iz mor **in**trestinng DHann DHë këTHiidrël*
Le château est plus intéressant que la cathédrale.

5 **And the best view is from Carlton Hill.**
*annd DHë best viou iz frëmm **kaal**tën Hil*
Et la meilleure vue est [celle] depuis Carlton Hill (colline).

Notes de grammaire

Les adjectifs sont invariables et se placent devant le nom qu'ils modifient. Pour former le comparatif (*plus que*…) et le superlatif (*le plus*…), on fait la distinction entre les adjectifs courts (généralement une syllabe) et longs.

Court : on ajoute **-er** à la fin du mot pour le comparatif et **-est** pour le superlatif :

INITIATION À L'ANGLAIS

slow (*lent*) → **slower** → **slowest**
fast (*vite, rapide*) → **faster** → **fastest**
Au comparatif, le *que* du français est traduit par **than** : **slower than**. Et comme en français, le superlatif est précédé de l'article défini : **the slowest**.

Si un adjectif court se termine en une seule consonne précédée d'une seule voyelle, on double la consonne :
big (*grand*) → **bigger** (**than**) → (**the**) **biggest**.
Bien sûr, si l'adjectif se termine déjà en **-e**, il suffit d'ajouter **-r** et **-st** : **late** (*tard*) → **later** → **latest**.
Les adjectifs plus longs ne changent pas ; on les fait précéder de **more** pour le comparatif et **most** pour le superlatif :
interesting (*intéressant*) → **more interesting** (**than**) ; (**the**) **most interesting**.
Enfin, comme en français, il y a une poignée de formes irrégulières, dont les plus utiles sont :
good (*bon*) → **better** (**than**) (*meilleur que*) → (**the**) **best** (*le mieux*) ;
bad (*mauvais*) → **worse** (**than**) (*pire*) → (**the**) **worst** (*le pire*).

Entraînement – Traduisez les phrases suivantes
1. Le train est plus confortable que l'avion.
2. Mais la vue depuis l'avion est meilleure.
3. **The worst place in Edinburgh is the zoo!**
4. **What is the most interesting guide book?**

Solutions
1. **The train is more comfortable than the plane.**
2. **But the view from the plane is better.**
3. Le pire endroit à Édimbourg est le zoo !
4. Quel est le guide de voyage le plus intéressant ?

↗ 16ᵉ jour

It's raining
Il pleut

1 Excuse me, I'm looking for the British Museum.
ekskiouz mii aïm loukinng for DHë brittisch miouzii-ëm
Excusez-moi, je cherche le British Museum (musée britannique).

2 Take the Tube to Russell Square. Why are you waiting?
téék DHë tioub tou reussël skouair. ouaï aar iou ouéétinng
Prenez le métro jusqu'à Russell Square. Pourquoi attendez-vous ?

3 Because it's raining.
bikozz its rééninng
Parce qu'il pleut.

4 Of course, it always rains in England in April.
ov korss it orlouééz réénz in innglënd in ééprël
Bien sûr, il pleut toujours en Angleterre en avril.

5 Where do you live?
ouèr dou iou liv
Où est-ce que vous habitez ?

6 I live in Paris but I'm studying in Geneva.
aï liv in pariss beutt aïm steudiinng in djëniivë
J'habite à (dans) *Paris mais j'étudie à* (dans) *Genève.*

Notes de grammaire

Il y a deux formes pour chaque temps d'un verbe : le simple, que nous connaissons, et le continu (ou progressif). Ce dernier se construit avec l'auxiliaire **to be** et le gérondif du verbe, qui se termine en **-ing** :

INITIATION À L'ANGLAIS

I	am	worki<u>ng</u>
he/she/it	is	worki<u>ng</u>
we/you/they	are	worki<u>ng</u>

Le présent continu décrit une action qui est en cours au moment où l'on en parle : **It's raining**, *Il pleut en ce moment* ; **I'm looking for**, *Je suis en train de chercher*, etc. Elle contraste avec la forme simple, utilisée pour des actions habituelles : **I live in Paris** (*J'habite Paris <u>ordinairement</u>*) **but I'm studying in Geneva** (*mais j'étudie à Genève en ce moment*).

La négation et l'interrogatif se forment comme d'habitude pour le verbe **to be** :
Are you studying in Geneva?, *Faites-vous vos études à Genève ?*
It is not raining, *Il ne pleut pas (en ce moment)*.

Entraînement – Traduisez les phrases suivantes
(Utilisez la forme continue.)
1. Pourquoi est-ce que vous étudiez l'anglais ?
2. Excusez-moi, je cherche une station de métro.
3. It doesn't always rain in London in August.
4. I am waiting for the bus.

Solutions
1. Why are you studying English?
2. Excuse me, I'm looking for a Tube station.
3. Il ne pleut pas toujours à Londres en août.
4. J'attends le bus.

↗ 17ᵉ jour

Can you help me?
Pouvez-vous m'aider ?

1 **Can you help me?**
   kann iou Help mii
   Pouvez-vous m'aider ?

2 **I'm trying to find the Pound Saver shop, but I can't.**
   aïm **traï**ïnng tou faïnd DHë paound **sé**vë chop beutt aï kannt
   J'essaie de trouver le magasin Pound Saver ("économiser livre" magasin) *mais je n'y parviens pas* (je ne peux pas).

3 **I must get there before eight o'clock because it closes.**
   aï meust gett DHèr bii**for** éét oo**klok** bi**kozz** it **kloo**zëz
   Je dois y être (être là) *avant 20 h* car il ferme.*

4 **And I must not miss the sale.**
   annd aï meuss not miss DHë séél
   Et je ne dois pas rater les soldes (la vente).

5 **Pound Saver is less expensive than a supermarket.**
   paound **sé**vë iz lèss eks**pèn**sif DHën ë **sou**pëmaaket
   Pound Saver est moins cher qu'un supermarché.

6 **In fact it's the least expensive shop in the city.**
   inn fakt its DHë liist eks**pèn**sif chop inn DHë **si**tii
   En fait, c'est le magasin le moins cher de la ville.

* C'est le contexte qui nous indique qu'il s'agit de 20 h et non 8 h.

Notes de grammaire
Voici à nouveau nos deux auxiliaires, **can** et **must**. Ils n'ont ni infinitif ni inflexion (= identiques à toutes les personnes), et n'ont pas de forme passée. Le verbe qui les suit est à l'infinitif

INITIATION À L'ANGLAIS

sans **to** : **We must go**, *Nous devons aller/partir* ; **They can help**, *Ils peuvent aider*.

La négation est très facile : **cannot** (en un seul mot) et **must not** (deux mots). À l'oral, on emploie la forme contractée : **can't** et **mustn't**.

Can exprime la possibilité, le fait de <u>pouvoir</u> faire quelque chose : **Can you help me?**, *Pouvez-vous m'aider ?*

Must exprime une obligation, le fait de <u>devoir</u> faire quelque chose. Il correspond aussi à *il faut*… **We must be at the airport at ten o'clock**, *Nous devons être / Il faut qu'on soit à l'aéroport avant 10 h / 22 h.*

Notez enfin les comparatifs **less** (suivi de **than**) et **the least**, qui correspondent à *moins (que)* et *le moins* : **Pound Saver is less expensive than Smith's. It's the least expensive shop in the city.**

Entraînement – *Traduisez les phrases suivantes*
1. Pouvez-vous m'aider à trouver un supermarché ?
2. Nous ne devons pas être en retard. Le magasin ferme à 20 h.
3. **The plane is less comfortable than the train.**
4. **Which is the least expensive hotel?**

Solutions
1. **Can you help me find a supermarket?**
2. **We mustn't be late. The shop closes at eight o'clock.**
3. L'avion est moins confortable que le train.
4. Quel est l'hôtel le moins cher ?

↗ 18ᵉ jour

I was so angry
J'étais tellement en colère

1 I called the airline to change our booking.
*aï korld DHë éér*laïnn tou tchééndj aöua **bou**kinng
J'ai appelé la compagnie (ligne) aérienne pour changer notre réservation.

2 The agent said no.
DHë éédjënt sèd noo
L'agent a dit non.

3 I was so angry that I wanted to scream.
aï ouoz soo **anng**rii *DHat aï* **ouonn**tëd tou skriim
J'étais tellement en colère que j'avais envie (voulais) de hurler.

4 So what did you do?
soo ouòtt did iou dou
Alors qu'est-ce que vous avez fait ?

5 I had a cup of tea. Then I screamed!
aï Hadd ë keup ov tii. DHèn aï skriimd
J'ai pris (eu) une tasse de thé. Puis j'ai hurlé !

Notes de grammaire

Voici le prétérit, ou "passé simple". Il exprime une action qui a eu lieu dans le passé, qui est terminée et qui n'a aucun lien avec le présent.

Ce temps est identique à toutes les personnes. Pour les verbes réguliers, on ajoute **-ed** à l'infinitif sans **to** (ou juste **-d** si ce dernier se termine en **-e**). Ex. avec **to want**, *vouloir* :

I, you, he/she/it
we, they } wanted

INITIATION À L'ANGLAIS

Pour les verbes réguliers se terminant en **-y** précédé d'une consonne, on change le **y** en **e** : **to try → tried** (cf. présent : **I try → he tries**). Si le **-y** est précédé d'une voyelle, il ne change pas, sauf dans quelques mots très courants, où il devient un **i**, dont **to say** (*dire*) → **said**.

La négation et l'interrogatif suivent le même modèle que le présent, mais en mettant **do** au passé → **did** :
He tried → He did not try ; She asked → Did she ask?
Bien sûr, nous retrouvons nos contractions : **did not → didn't** ; **was not → wasn't**.

Comme toutes les langues, l'anglais possède un certain nombre de verbes irréguliers. Par ailleurs, voici trois verbes irréguliers parmi les plus courants. Ce sont tous des auxiliaires :

	to be *(être)*	**to do** *(faire)*	**to have** *(avoir)*
I/he/she/it	was	did	had
we/you/they	were		

Entraînement – Traduisez les phrases suivantes
1. Ils ont dit que ce n'était pas possible.
2. Elle était très en colère mais elle n'a pas hurlé.
3. Did you call the airline?
4. What did she do? – She changed her booking.

Solutions
1. They said that it wasn't possible.
2. She was very angry but she didn't scream.
3. Avez-vous appelé la compagnie aérienne ?
4. Qu'est-ce qu'elle a fait ? – Elle a changé sa réservation.

↗ 19ᵉ jour

I haven't visited Brighton
Je n'ai pas visité Brighton

1 **I have travelled around the south of England.**
aï Hàvv travëld ëraound DHë saouTH ëv innglënd
J'ai voyagé dans (autour de) le sud de l'Angleterre.

2 **But I haven't visited Brighton.**
beutt aï Havvënt vizitid braïtën
Mais je n'ai pas visité Brighton.

3 **Have you heard of the Royal Pavilion?**
Hàvv iou hèrd ëv DHë roï-ël përviliënn
Avez-vous entendu [parler] du (de le) Royal Pavilion ?

4 **No I haven't. Where is it?**
no aï Hàvvënt. ouèr iz it
Non (je n'ai pas). Où est-ce ?

5 **In the centre. It was started in 1787 and finished in 1823.**
inn DHë sènntë. it ouoz staatëd in sèvëntiin aïtii sèvën annd finicht in aïtiin touèntii THrii
Dans le centre. Il [sa construction] fut commencé[e] en 1787 et terminé[e] en 1823.

Notes de grammaire

Nous avons appris que l'action décrite par le prétérit n'a aucun lien avec le présent. En revanche, le passé composé, appelé aussi le **present perfect**, s'emploie si l'action dont on parle a commencé dans le passé mais continue aujourd'hui (d'où la notion de présent) ou si l'on ne connaît pas le moment où elle a eu lieu. Il n'y a pas d'équivalent direct en français.

Le **present perfect** se forme avec l'auxiliaire **have/has** et le participe passé du verbe en question (identique au passé simple pour les verbes réguliers) : **I have visited Brighton** ; **she has travelled**, etc.
La négation et l'interrogatif se forment comme d'habitude (avec **not**, et inversion) :
I haven't visited ; **she hasn't travelled.**
Have I visited? ; **has she travelled?**

N'ayant pas d'équivalent, ce temps pose beaucoup de problèmes pour les francophones. Regardons sa logique :
I have travelled, **I haven't visited** : les actions continuent – notre interlocuteur est toujours en train de voyager et le fait qu'il n'ait pas visité Brighton persiste.
Have you heard…? : je ne sais pas si vous avez déjà entendu parler de cette ville, donc le passé simple ne peut pas s'employer (**heard** est le participe passé du verbe irrégulier **to hear**, *entendre*).
It was started/finished : là, je connais les dates et les deux actions sont bien terminées.

Entraînement – Traduisez les phrases suivantes
1. Avez-vous visité le Royal Pavilion ?
2. A-t-elle voyagé en Angleterre ?
3. The match started at ten o'clock and finished at eleven forty.
4. He hasn't heard of Brighton!

Solutions
1. **Have you visited the Royal Pavilion?**
2. **Has she travelled around England?**
3. Le match a commencé à 10 h/22 h et a terminé à 11 h 40/ 23 h 40.
4. Il n'a pas entendu parler de Brighton !

↗ 20ᵉ jour

To send a letter, you'll need a stamp
Pour envoyer une lettre, il vous faudra un timbre

1 **If you want to send a letter, you'll need a first-class stamp.**
*if iou ouònnt tou sennd ë **lè**të ioul niid ë feurst klaass stammp*
Si vous voulez envoyer une lettre, vous aurez besoin d'un timbre [de] première classe.

2 **But if you send a postcard, it's cheaper.**
*beutt if iou send ë **poost**kaad its **tchii**pë*
Mais si vous envoyez une carte postale, c'est moins cher.

3 **Will you lend me fifty pence? I don't have any change.**
*ouil iou lènnd mii **fif**tii pènts. aï doont Hàvv ènnii tchéén dj*
Me prêterez-vous 50 pence ? Je n'ai pas de monnaie.

4 **If I lend it to you, will you pay me back?**
if aï lènnd it tou iou ouil iou péé mii bak
Si je vous le [les] prête, me rembourserez-vous ?

5 **Of course I will!**
ov korss aï ouil
Bien sûr que oui (je le ferai) !

Notes de grammaire

Voici le premier conditionnel, qui fonctionne exactement comme en français pour exprimer le résultat certain d'une condition préalable : **If** + présent + futur : **If you come to the party, you will see her**, *Si tu viens à la fête, tu la verras*. Simple, non ? La négation est tout aussi simple : **If you don't come to the party, you will not see her**.

Notez que, selon le contexte, **will** peut exprimer la volonté : **Will you lend me...?**, *Voulez-vous me prêter... ?* ; **They won't help me**, *Ils ne veulent pas m'aider*. Cette formulation est très utile pour poser des questions à votre interlocuteur (avec **you**) : **Will you let me take a photo?**, *Voulez-vous bien me laisser prendre une photo ?*

Enfin, notez la répétition **Will you...? Of course I will**.

Entraînement – Traduisez les phrases suivantes
1. Si je vous prête l'argent, me rembourserez-vous ?
2. Arrivera-t-il à temps ? – Bien sûr que non !
3. If she doesn't come, she won't see him.
4. Will you let them come to the party?

Solutions
1. If I lend you the money, will you pay me back?
2. Will he arrive in time? – Of course he won't!
3. Si elle ne vient pas, elle ne le verra pas.
4. Les laisserez-vous venir à la fête ?

↗ 21ᵉ jour

Would you like something to drink?
Voudriez-vous boire quelque chose ?

1 Would you like something to drink?
ououd iou laïk **seum**THinng tou drinnk
Voudriez-vous boire quelque chose (quelque chose à boire) *?*

2 I'd love a banana smoothie.
aïd leuv ë bë**naa**në **smou**DHii
J'adorerais un smoothie à la banane.

3 If I had any bananas, I would make you one.
if aï Hadd **è**nni bë**naa**nëz aï ououd méék iou ouann
Si j'avais des bananes, je vous en ferais un.

4 I could try using peaches.
aï koud traï **iou**zinng **pii**tchëz
Je pourrais essayer [avec] (d'utiliser) *des pêches.*

5 You wouldn't know the difference.
iou **ouou**dënt noo DHë **diff**rènts
Vous ne ferez (saurez) *[pas] la différence.*

6 You should try a peach smoothie; you would like it.
iou choud traï a piitch **smou**DHii. iou ououd laïk it
Vous devriez goûter (essayer) *un smoothie à la pêche. Ça vous plairait* (vous l'aimeriez).

Notes de grammaire
Voici les autres formes conditionnelles :
Would, qui vient de **will**, est invariable : **I, he/she/it, we, you, they would like**…

INITIATION À L'ANGLAIS

La négation et l'interrogatif se forment comme d'habitude (avec **not**, et inversion) : **He would not like / Would he like ... ?** etc. La contraction se forme avec **-'d** à l'indicatif : **I'd, we'd**, etc. et toujours avec **-n't** au négatif : **wouldn't**.

On utilise **would** suivi de l'infinitif sans **to** pour former le deuxième conditionnel (la deuxième action n'est possible que si la première condition est remplie). La structure est la même qu'en français : **if** + passé simple + conditionnel : **If I <u>had</u> the money, I <u>would travel</u> first class**, *Si j'avais l'argent, je voyagerais en première classe.*

Could est à la fois le prétérit et le conditionnel de **can**. Il est très utile pour former des questions dans un registre poli : **Could you help me, please?**, *Pourriez-vous m'aider s'il vous plaît ?*

Enfin, **should** exprime une suggestion, un conseil ou une obligation conditionnelle : **You should buy these bananas; they're delicious**, *Tu devrais acheter ces bananes, elles sont délicieuses.*

Entraînement – Traduisez les phrases suivantes
1. Pourriez-vous m'aider s'il vous plaît ?
2. Aimeraient-ils boire quelque chose ?
3. **If she had the money, she would travel first class.**
4. **She should try a peach smoothie; she'd like it.**

Solutions
1. **Could you help me, please?**
2. **Would they like something to drink?**
3. Si elle avait de l'argent, elle voyagerait en première classe.
4. Elle devrait goûter *(essayer)* un smoothie à la pêche ; elle l'aimerait *(ça lui plairait)*.

Conversation

⌐ **Premiers contacts**

L'anglais n'ayant pas de tutoiement, les salutations se distinguent plutôt par le niveau de langage (formel, familier, etc.). Pour ne pas encombrer la mise en page, nous nous limitons, dans les traductions, au vouvoiement. Sauf indication contraire, la même formulation anglaise s'applique indifféremment à *tu* et à *vous*.

De même, les noms n'ayant pas de genre, l'article défini (**the**) est invariable. Pour cette raison, sauf exception, nos indiquons l'article indéfini, qui, lui, change selon qu'il est suivi d'une voyelle (**an**) ou une consonne (**a**).

Salutations

Bonjour.	**Good morning.** (jusqu'à midi)	goud **mor**niinng
	Good afternoon. (jusqu'à 17 h)	goud aaftë**nounn**
	Hello. (plus familier)	Hè**loo**
Bonsoir / Bonne soirée.	**Good evening.**	goud **iiv**niinng
Bonne nuit.	**Good night.**	goud naït
Bienvenue.	**Welcome.**	ouèl**këmm**
Salut.	**Hi/Hiya.**	Haï/**Haï**-ë
Au revoir.	**Goodbye.**	goud**baï**
	Bye-bye. (informel)	baï-baï
	Cheers. (argot)	**tchii**-ëz
À bientôt.	**See you soon.**	sii iou sounn

Vous entendrez peut-être aussi **Take care**, qui signifie littéralement *Prends/Prenez bien soin de toi/vous*, mais en pratique, c'est une façon plutôt sympathique de prendre congé de quelqu'un.

La formulation *Bon…* (*séjour, semaine, week-end*, etc.) *!* est beaucoup moins courante en anglais qu'en français. Cependant, on peut souhaiter à quelqu'un :

Bonne journée !
Have a nice day!
Hàvv ë naïss déé
(ayez un agréable jour)

Titres

Madame	**Missus** (forme abrégée écrite : **Mrs**)	*mi**ssiz*
Mademoiselle	**Miss**	*miss*
Monsieur	**Mister** (forme abrégée écrite : **Mr**)	*mi**stë*
Mesdames et messieurs	**Ladies and gentlemen**	*lé**édiz annd **djènn**tëlmën*

Mister et **missus** (mais pas **miss**) sont toujours suivis du nom de famille. Mais contrairement au français – *Madame/Monsieur !* – ces deux titres ne s'emploient pas pour interpeler une personne. Si vous devez attirer l'attention de quelqu'un, il faut employer **Sir** pour un homme et **Madam** pour une femme.

Il existe aussi le mot **Ms** (prononcé *[mëz]*), qui ne précise pas le statut matrimonial d'une femme (exactement comme **Mister** pour les hommes). Cependant, cette forme est plutôt utilisée à l'écrit dans la correspondance officielle ou dans un registre formel (voir p. 142-143).

Accord, désaccord, politesse

oui	yes	iess
non	no	noo
Non merci.	No, thank you / No thanks. (plus familier)	noo THannk iou / noo THannkss
D'accord.	OK.	oo kéé
Peut-être.	Perhaps/Maybe.	pë**Hapss**/**méé**bii
Je suis d'accord.	I agree.	aï ë**grii**
Je ne suis pas d'accord.	I don't agree/ I disagree.	aï doonnt ë**grii** aï **diss**ëgrii
S'il vous plaît.	Please.	pliiz
Merci.	Thank you/ Thanks. (plus familier)	THannk iou/ THannkss
Merci beaucoup.	Thank you very much.	THannk iou **vè**rii meutch
Excusez-moi/Pardon. (attirer l'attention)	Excuse me.	eks**kiouz** mii
Désolé/Pardon.	Sorry.	**so**rrii
Je vous en prie.	Don't mention it.	doonnt **mènn**chënn it

Rappelons que les Britanniques trouvent **yes** et **no** tout seul un peu trop abrupte ; ils ont donc tendance à ajouter un auxiliaire (voir 5ᵉ leçon d'initiation).

Questions, réponses

Où ?	Where?	ouèr
Quand ?	When?	ouènn
Qui ?	Who?	Hou
Quoi ?	What?	ouòtt
Pourquoi ?	Why?	ouaï
Comment ?	How?	Hao

| Combien ? | **How much?** (nom indénombrable) | *Hao meutch* |
| | **How many?** (nom dénombrable – voir 11ᵉ leçon d'initiation) | *Hao **mè**nnii* |

Langage du corps

Si vous devez indiquer le chiffre deux en montrant les doigts, évitez de présenter le dos de la main avec l'index et le majeur tendus vers votre interlocuteur. Il s'agit d'un geste obscène (souvent accompagné d'une imprécation du genre *Allez vous faire…*).

Langues et compréhension

Parlez-vous… ?	**Do you speak…?**	*dou iou spiik*
français	**French**	*frèntch*
allemand	**German**	***djeur**mènn*
espagnol	**Spanish**	***spa**nnich*
italien	**Italian**	*i**ta**liënn*
russe	**Russian**	*reuchënn*

Je ne parle pas anglais.
I do not speak English.
*aï dou nott spiik **inn**glich*

Nous ne comprenons pas.
We do not understand.
*ouii dou nott eundë**stannd***

Qu'avez-vous dit ?
What did you say?
ouòtt did iou séé

Voulez-vous répéter lentement s'il vous plaît ?
Will you repeat slowly, please?
*ouil iou ri**piit sloo**lii pliiz*

↗ Rencontre et présentation

Se rencontrer

Les Britanniques sont souvent moins formels que les Français dans les contacts courants. On vous appellera volontiers par votre prénom, même si on ne vous connaît pas (par ex. si vous téléphonez pour un renseignement). Et dans un registre informel, vous risquez de vous faire traiter de **dear**, (*chèr(e)*), **darling** (*chéri(e)*) ou encore **duck** (*canard*) ! Il ne s'agit pas d'une familiarité inconvenante, mais simplement d'une manière plus chaleureuse d'aborder son interlocuteur. Cependant, évitez d'en faire autant tant que vous ne maîtriserez pas la langue.

Comment allez-vous ?	**How are you?** **How do you do?** (très formel)	*Hao aar iou* *Hao dou iou dou*
Bien merci, et vous ?	**Very well thanks.** **And you?**	*vèrii ouèll THannks.* *ennd iou*
Comment vous appelez-vous ?	**What is your name?**	*ouòtt iz ior néém*
J'aimerais vous présenter...	**Let me introduce...**	*lèt mii **inn**trèdiouss*
ma femme.	**my wife.**	*maï ouaïf*
mon mari.	**my husband.**	*maï **Heuz**bennd*
ma fille.	**my daughter.**	*maï **dort**ë*
mon fils.	**my son.**	*maï seunn*
mon frère.	**my brother.**	*maï breuDHë*
ma sœur.	**my sister.**	*maï **siss**të*
mon ami(e).	**my friend.**	*maï frènnd*
ma copine/mon copain.	**my girlfriend/my boyfriend.**	*maï **gueurl**frènnd/maï **boï**frènnd*
ma/mon fiancé(e).	**my fiancé(e).**	*maï fi**onn**tséé*
mes parents.	**my parents.**	*maï **pair**ënntss*
Enchanté(e).	**Pleased to meet you.**	*pliizd të miit iou*

CONVERSATION

Dire d'où l'on vient

D'où êtes-vous ?
Where are you from?
ouèr aar iou fromm
(où êtes vous de)

Pour éviter l'emploi des adjectifs de nationalité, vous pouvez répondre avec le pays d'origine.

Je viens de France.
I am from France.
aï amm frëmm fraants

Nous venons de Belgique.
We're from Belgium.
ouiir frëmm **bèl**djëmm

Il vient de Suisse.
He's from Switzerland.
Hiiz frëmm **souit**tzëlënnd

Où habitez-vous ?
Where do you live?
ouèr dou iou liv

Quelle est votre adresse ?
What is your address?
ouòtt iz ior ë**drèss**

Voici mon adresse postale/mon e-mail :
Here is my postal address/my email (address):
Hii-ë iz maï **poo**stël ë**drèss**/**ii**méél (ë**drèss**)

Êtes-vous sur Facebook ?
Are you on Facebook?
aar iou ònn **fééss**bouk

Cette liste vous aidera à dire d'où vous venez :

France	**France**	*fraants*
Belgique	**Belgium**	***bèl**djëmm*
Luxembourg	**Luxembourg**	***leuk**sëmmbeurg*
Québec	**Quebec**	*kouë**bèk***
Suisse	**Switzerland**	***souitt**zëlënnd*

… ou encore

Allemagne	**Germany**	***djeu**mmennii*
Angleterre/ Grande-Bretagne	**England/Britain**	***inn**glënd/**bri**-tën*
Autriche	**Austria**	***òss**trië*
Chine	**China**	***tchaï**në*
Espagne	**Spain**	*spéén*
Grèce	**Greece**	*griiss*
Hollande/Pays-Bas	**Holland/ The Netherlands**	*hòlënnd/ DHë nèDHëlenndz*
Hongrie	**Hungary**	***heun**grii*
Inde	**India**	*inndië*
Israël	**Israel**	*iz**réél***
Italie	**Italy**	*italii*
Japon	**Japan**	*djë**pann***
Russie	**Russia**	*reuchë*
Thaïlande	**Thailand**	*taïlannd*
Turquie	**Turkey**	*teurkii*

Dire son âge

Reportez-vous au rabat "Compter en anglais" pour le tableau des chiffres.

En anglais, on "est" son âge : nous employons le verbe **to be** (*être*), et non **to have** (*avoir*) comme en français. Par ailleurs, il suffit de donner un chiffre sans préciser qu'il s'agit d'années :

Quel âge avez-vous ?   *J'ai vingt ans.*
How old are you?   **I am twenty.**
Hao old aar iou   *aï amm touènntii*
(combien vieux avez-vous)   (je suis vingt)

Quel âge a-t-il (a-t-elle) ?   *Il/Elle a cinq ans.*
How old is he/she?   **He/she is five.**
Hao old iz Hii/chii   *Hii/chii iz faïv*

Famille

Pour parler de votre situation familiale :

Je suis...	I am...	aï amm
célibataire.	single.	**sinn**gël
divorcé(e).	divorced.	di**vorst**
en couple.	in a relationship.	inn ë rë**lééch**ënnchip
marié(e).	married.	**ma**riid
veuf/-ve.	a widow/widower.	ë **oui**doo/**oui**doo-ë

Si vous voulez parler de vos enfants...

| J'ai un enfant. | I have one child. | aï **Hà**vv ouann tchaïld |
| Nous avons trois enfants. | We have three children. | ouii **Hà**vv **TH**rii **tchil**drënn |

Nous avons...	We have...	ouii Hàvv
un garçon.	a boy.	ë boï
un fils.	a son.	ë seunn
une fille. (sexe)	a girl.	ë geurl
une fille. (ascendance)	a daughter.	ë **dort**ë

Voici d'autres termes relatifs à la famille et à l'âge :

adolescent	**teenager**	**tii**nnaidjë
beau-père	**father-in-law** (par alliance)	**faa**DHë inn lor
	step-father (par adoption)	stèp **faa**DHë
belle-mère	**mother-in-law** (par alliance)	**meu**DHë inn lor
	step-mother (par adoption)	stèp **meu**DHë
beaux-parents	**parents-in-law** (par alliance)	**pair**ënntss inn **lor**
	step-parents (par adoption)	step pairënntss
bébé	**baby**	**béé**bii
cousin(e)	**cousin**	**keu**zënn
grand-mère	**grandmother**	**grannd**meuDHë
grand-père	**grandfather**	**grannd**faaDHë
jumeaux/-elles	**twins**	touinz
parents	**parents** (père, mère)	**pair**ënntss
	relations (parents proches)	rë**lééch**ënnz
mère	**mother**	**meu**DHë
maman	**mum/mummy**	meum/**meu**mmii
père	**father**	**faa**DHë
papa	**dad/daddy**	dad/**dad**ii
neveu/nièce	**nephew/niece**	**nè**fiiou/niiss
oncle/tante	**uncle/aunt**	**eunn**kël/aannt

Emplois, activités, études

Vous trouverez ci-dessous du vocabulaire pour parler d'un métier ou des études. Notez qu'on ajoute toujours l'article indéfini (**a**/**an**) devant le nom d'une profession.

Que faites-vous (dans la vie) ?	**What do you do (for a living)?**	*ouòtt dou iou dou (for ë living)*
Chez qui travaillez-vous ?	**Who do you work for?**	*Hou dou iou oueurk for*
Quel est votre emploi/ métier ?	**What is your job?**	*ouòtt iz ior djòb*

Je suis...	I am...	*aï amm*
acteur, comédien.	an actor.	*ënn **ak**të*
artisan.	a craftsman.	*ë **kraafts**mënn*
chauffeur de bus/poids lourd/taxi.	a bus/lorry/taxi driver.	*ë beuss/**lòr**ii/**tak**sii **draï**vë*
comptable.	an accountant.	*ënn ë**kaoun**tënnt*
cuisinier/-ère.	a cook.	*ë kouk*
électricien.	an electrician.	*ënn èlèk**tri**chënn*
employé administratif.	a clerk.	*ë klaak*
infirmier/-ère.	a nurse.	*ë neurss*
informaticien.	a computer specialist/ an IT specialist.	*ë këm**piou**të **spè**chëlist ënn aï tii **spè**chëlist*
ingénieur.	an engineer.	*ënn inn**djini**ë*
journaliste.	a journalist.	*ë **djeur**nalist*
juriste.	≈ a lawyer/legal adviser.	*ë **loï**-ë/**liig**ël ëd**vaï**zë*
médecin.	a doctor.	*ë **dòk**të*
ouvrier.	a workman.	*ë **oueurk**mënn*
pharmacien.	a pharmacist. (appelé aussi a chemist)	*ë **faa**mëssist*
plombier.	a plumber.	*ë **pleum**më*
policier.	a police officer.	*ë **pliiss** o**fi**ssë*
pompier.	a firefighter.	*ë **faï**-ë **faï**të*

professeur.	a teacher.	ë **tii**tchë
~ des écoles.	a primary school teacher.	ë **praï**mërii skoul **tii**tchë
secrétaire.	a secretary.	ë **sèk**rëtri
vendeur.	a salesperson.	ë **séélz**peurssënn

Il n'y a pas toujours d'équivalent exact en anglais pour certaines professions (par ex. *un notaire*, *un juriste*).

La plupart des noms ci-contre s'appliquent aussi bien aux hommes qu'aux femmes, ex. : **a pharmacist**, *un(e) pharmacien(ne)*. (Nous nous excusons auprès des professionnels qui ne sont pas listés ci-contre.)

Je suis étudiant(e).
I am a student.
aï amm ë **stiou**dënt

Où / Qu'étudiez-vous ?
Where/what are you studying?
ouèr/ouòtt aar iou **steu**di-inng

Je suis au chômage en ce moment.
I am unemployed at the moment.
aï amm eunèmm**ploïd** att DHë **moo**mmënt

Religions

L'anglicanisme est reconnu comme étant l'Église officielle (ou **established church**, *Église établie*) en Angleterre depuis la scission avec Rome au XVIe siècle. Le monarque en est le gouverneur suprême ainsi que le "défenseur de la foi". C'est pour cette raison que vous trouverez l'inscription **Fid. Def.**, ou **FD**, *fidei defensor*, sur toutes les pièces de monnaie. En Écosse, l'Église presbytérienne (**Church of Scotland**) est la confession dominante (le monarque ne jouant aucun rôle) alors qu'au pays de Galles, il n'y a pas d'Église officielle.

Outre les catholiques, la Grande-Bretagne compte d'importantes communautés de musulmans, de juifs, d'hindous et de sikhs, entre autres. Enfin, près d'un demi-million de personnes se déclare de confession "Jedi", d'après les chevaliers fictifs éponymes de la saga cinématographique *La Guerre des étoiles*. L'humour britannique à l'œuvre ?

Je suis...	I am...	aï amm
anglican.	**Anglican, C of E** (pour **Church of England**).	**Anng**likënn, sii ëv ii
bouddhiste.	**Buddhist.**	**bou**disst
catholique.	**Catholic.**	**kaTH**lik
juif/-ve.	**Jewish.**	**djou**ich
musulman(e).	**Muslim.**	**mouz**limm
chiite.	**Shiite.**	**chii**aït
sunnite.	**Sunni.**	**sou**nnii
athée.	**atheist.**	ééTHi-ist

Où puis-je trouver... ?	Where can I find...?	ouèr kann aï faïnd
une église	a church	ë tcheutch
une mosquée	a mosque	ë mosk
une synagogue	a synagogue	ë **sinn**ëgog
un temple	a temple	ë **tèmm**pël

Le temps qu'il fait

Le temps est un sujet de conversation inépuisable pour les habitants des Îles britanniques. Certains attribuent cette prédilection au fait que les conditions climatiques peuvent varier énormément ; d'autres y voient une manière pour les Anglais de surmonter leur réserve naturelle pour lier une conversation avec leurs concitoyens. Toujours est-il qu'une remarque d'ordre "météorologique" vous permettra d'échanger quelques mots avec un voisin.

Pour parler du temps, on emploie le verbe **to be**, *être* (au lieu de *faire*) :

Il fait…	It is…	it iz
chaud.	hot.	*Hott*
frais.	cool.	*koul*
frisquet.	chilly.	***tchi**lii*
froid.	cold.	*kòld*

la neige	the snow	*DHë snoo*
le soleil	the sun	*DHë seunn*
le temps	the weather	*DHë **ouè**DHë*
le vent	the wind	*DHë ouinnd*
le verglas	the ice	*DHii aïss*

Les noms peuvent être transformés en adjectifs en ajoutant le suffixe **-y** : **windy** → **windy** (*venteux*).

Quelle belle journée !	What a beautiful day!	*ouòtt ë **biou**tifël déé*
Quel temps affreux !	What horrible weather!	*ouòtt **Hòri**bël **ouè**DHëu*
Avez-vous entendu un bulletin météo ?	Have you heard a weather forecast?	*Hàvv iou heurd ë **ouè**DHë **for**kaast*
Ça caille !	It's freezing!	*its **friiz**innng*
On crève de chaud ! (fam.)	It's roasting!	*its **roosst**innng*

La Grande-Bretagne est passée officiellement au système de mesure métrique depuis une trentaine d'années mais certaines habitudes ont la vie dure : ainsi, on trouve encore des gens – et certains médias – qui parlent en degrés Fahrenheit. Alors si on vous dit **The temperature is in the nineties** (*La température avoisine les 90°*), rassurez-vous : il s'agit de 90° Fahrenheit, soit 32°C.

CONVERSATION

Impressions et sentiments

Je suis/Nous sommes...	I am/We are...	aï amm/ouii aar
content(s), heureux.	happy.	**Ha**pii
déçu(s).	disappointed.	dissé**poïn**tèd
mécontent(s).	unhappy.	eunn**Ha**pii
ravi(s).	delighted.	di**laï**tèd
triste(s).	sad.	sadd

C'est...	It is...	it iz
beau.	beautiful.	**biou**tifël
étrange.	strange.	**strééndj**
horrible.	horrible.	**Hò**rëbël
impressionnant.	impressive.	imm**près**siv
insolite.	unusual.	eunn**iouzh**ël
laid.	ugly.	**eug**lii
magnifique.	magnificent.	mag**ni**fissënt

Invitation, sortie

Pour lancer une invitation ou y répondre :

J'aimerais vous/t'inviter...	I would like to invite you ...	aï ououd laïk tou inn**vaït** iou
à boire un verre.	for a drink.	for ë drinnk
à déjeuner.	to lunch.	tou leuntch
à dîner.	to dinner.	tou **di**nnë
à une fête.	to a party.	tou ë **paa**tii
en boîte.	to a club.	tou ë kleub
... ce soir.	... this evening/ tonight.	**TH**is **iiv**ninng/ **tou**naït

Seulement toi et moi.
Just you and me.
djeusst iou annd mii

Je serai avec des amis.
I will be with some friends.
aï ouil bii ouiDH seumm frènndz

Je passerai vous prendre à 20 heures.
I will pick you up at eight o'clock.
aï ouil pik iou eup att éét ëklok

Désolé mais je suis occupé ce midi/soir.
Sorry, but I am busy this lunchtime/evening.
sorii beutt aï amm bizii THis leuntchtaïmm/iivninng

Une autre fois peut-être.
Maybe another time.
méébii ënneuTHë taïmm

Avec plaisir.
I would love to.
aï ououd leuv tou

Rendez-vous

Puis-je t'offrir un verre ?
Can I buy you a drink?
kann aï baï iou ë drinnk
(puis-je acheter toi une boisson)

Je suis avec quelqu'un.
I am with someone.
aï amm ouiTH seumouann

Voudrais-tu danser ?
Would you like to dance?
ououd iou laïk tou daanss

Tu aimes cette musique ?
Do you like this music?
dou iou laïk THis miouzik

Allons ailleurs.
Let's go somewhere else.
lets goo seumouèr èlss

Tu es très mignon(ne).
You are very cute.
iou aar vèrii kioutt

CONVERSATION

J'attends ma copine/mon copain.
I am waiting for my girlfriend*/boyfriend.
aï amm **ouéé**tinng for maï **gueurl**frènnd/**boï**frènnd

*Prononcé par une femme, **a girlfriend** peut signifier simplement *une amie*.

Puis-je avoir ton numéro de téléphone ?
Can I have your phone number?
kann aï Hàvv ior foonn **neum**bë

Puis-je te raccompagner à la maison ?
May I take you home?
méé aï téék iou Hoomm

L'amour

– Je t'aime. – Moi aussi.
– I love you. – Me too.
aï leuv iou – mii tou

As-tu un préservatif ?
Do you have a condom?
dou iou Hàvv ë **konn**domm

Prends-tu la pilule ?
Are you on the Pill?
aar iou ònn DHë pil

Arrête s'il te plaît.
Please stop.
pliiz stop

↗ Temps, dates, fêtes

Dire l'heure

En règle générale, l'horloge à 24 heures n'est employée que pour les horaires des transports longue distance (train, avion). Dans la langue courante, on emploie les chiffres jusqu'à douze. Ainsi **10 o'clock** signifie à la fois *"10 heures"* et *"22 heures"*. S'il faut préciser qu'il s'agit du matin ou du soir, on ajoute **in the morning** (*dans la matinée*) ou **in the evening** (*dans la soirée*), ou encore, respectivement, **a.m.** *[éé-èmm]* ou **p.m.** *[pii-èmm]*, du latin *ante meridiem* et *post meridiem*.

Il est 9 h 00.	**It's nine o'clock.***	*its naïnn ëklok*
Il est 21 h 15.	**It's quarter past nine (in the evening).**	*its **kouor**të paast naïnn (inn DHë **iiv**ninng)*
Il est 10 h 30.	**It's half past ten.**	*its haaf paast tènn*
Il est 21 h 50.	**It's ten to ten.**	*its tènn tou tènn*
Il est 10 h 20.	**It's twenty past ten.**	*its **touènn**tii paast tènn*
Il est midi.	**It's noon.**	*its nounn*

*****o'clock** ("de l'horloge") ne s'emploie que pour les heures précises et peut être omis : **It's ten**.

un quart d'heure	**a quarter of an hour**	*ë **kouor**të of ënn **aou**-ë*
une demi-heure	**a half hour**	*ë Haaf **aou**-ë*
une heure (60 minutes)	**an hour**	*ënn aou-ë*
l'heure (position sur le cadran)	**the time**	*DHë taïmm*
une seconde	**a second**	*ë **sèk**ënnd*
une horloge	**a clock**	*ë klok*
une montre	**a watch**	*ë ouotch*
un réveil	**an alarm clock**	*ënn ë**laamm** klok*

matin, matinée	**a morning**	*ë **mor**ninng*
après-midi	**an afternoon**	*ënn **aaf**tënounn*
soir, soirée	**an evening**	*ënn **iiv**ninng*
nuit	**a night**	*ë naïtt*
midi	**midday/noon**	*mid**déé**/nounn*
minuit	**midnight**	***mid**naït*

CONVERSATION

Quand ?
When?
ouènn

Quelle heure est-il ?
What time is it?
ouòtt taïm iz it
(quel temps est-il)

À quelle heure part le bus ?
What time does the bus leave?
ouòtt taïm deuz DHë beuss liiv

Combien de temps dure le vol ?
How long is the flight?
Hao lonng iz DHë flaïtt

Jusqu'à / À partir de 10 heures.
Until/From ten.
eunntil/frëmm tènn

Toutes les demi-heures/heures.
Every half hour/hour.
*èvrii Haaf **aou**-ë/**aou**-ë*

Il/elle est en avance/retard.
He/she/it is early/late.
*Hii/chii/it iz **eur**lii/léét*

Combien de temps... ? (durée)
How long...?
Hao lonng

Soyez à l'heure, s'il vous plaît.
Please be on time.
pliiz bii ònn taïmm

Dire une date

Quelle est la date d'aujourd'hui ?
What is the date today?
*ouòtt iz DHë déét të**déé***

lundi	Monday	*meunndéé*
mardi	Tuesday	*tiouzdéé*
mercredi	Wednesday	*oènnzdéé*
jeudi	Thursday	*THeurzdéé*
vendredi	Friday	*fraïdéé*
samedi	Saturday	*sattëdéé*
dimanche	Sunday	*seundéé*

Mercredi prochain. *Samedi dernier.*
Next Wednesday. **Last Saturday.**
nèkst oènnzdéé *laast sattëdéé*

janvier	January	*djanniërii*
février	February	*fèbiourii*
mars	March	*maatch*
avril	April	*éépril*
mai	May	*méé*
juin	June	*djounn*
juillet	July	*djoulaï*
août	August	*orgëst*
septembre	September	*sèptèmmbë*
octobre	October	*oktoobë*
novembre	November	*noovèmmbë*
décembre	December	*disèmmbë*

CONVERSATION

Les mois et les jours de la semaine prennent toujours une majuscule initiale. Nous utilisons les nombres ordinaux (ex.: le premier, le deuxième…) dans la langue parlée mais pas nécessairement à l'écrit.

le 10 mars
10 March / 10th March *(écrit)*
the tenth of March *(parlé)*
DHë tènTH ëv maatch

le 1er août
1 August / 1st August *(écrit)*
the first of August *(parlé)*
DHë feurst ëv orgëst

Aujourd'hui nous sommes le 15 avril.
Today is the fifteenth of April.
tëdéé iz DHë fiftiinTH ëv éépril

Le musée est fermé le dimanche entre septembre et mai.
The museum is closed on Sundays between September and May.
DHë miouzii-ëmm iz kloozd on seundééz bitouiinn sèptèmmbë annd méé

Vocabulaire du temps, des jours et des saisons

un jour, une journée	a day	ë déé
un jour ouvré	a business day	ë biznëss déé
une semaine	a week	ë ouiik
un week-end	a weekend	ë ouiikènnd
un mois	a month	ë meunTH
un an, une année	a year	ë ieur
une saison	a season	ë siizënn

Si vous voulez préciser qu'il s'agit d'une seule journée, année, etc., utilisez le chiffre **one** au lieu de **a/an**.

Nous restons une semaine et trois jours.
We are staying one week and three days.
*ouii aar **stéé**inng ouann ouiik annd THrii dééz*

aujourd'hui	today	të**déé**
demain	tomorrow	të**mo**roo
hier	yesterday	**iess**tëdéé
après-demain	the day after tomorrow	DHë déé **aaft**ë të**mo**roo
avant-hier	the day before yesterday	DHë déé bi**for** **iess**tëdéé

J'ai perdu mon portefeuille avant-hier.
I lost my wallet the day before yesterday.
*aï lost maï **ouo**lët DHë déé bi**for** **iess**tëdéé*

Le billet est valable aujourd'hui et demain seulement.
The ticket is valid today and tomorrow only.
*DHë **ti**kèt iz **va**lid të**déé** annd të**mo**roo **oonn**lii*

printemps	spring	sprinng
été	summer	**seu**mmë
automne	autumn	**or**tëmm
hiver	winter	**ouinn**të

après	after	**aaft**ë
avant	before	bii**for**
de temps en temps	from time to time	frëmm taïmm tou taïmm
jamais	never	**nè**vë
maintenant	now	naou

CONVERSATION

plus tard	later	*lée*të
souvent	**often**	**o**fënn
tout de suite	**straight away**	stréét ë**ouéé**
	at once	att oueuntts

Pour dire *une fois* et *deux fois*, l'anglais dispose de deux mots spécifiques : **once** *[oueuntts]*, et **twice** *[touaïss]*, respectivement. La suite est régulière : **three times**, **four times**, etc. Notez que **at once** signifie *tout de suite*.

Les plus belles saisons sont le printemps et l'automne.
The nicest seasons are spring and autumn.
DHë **naï**ssëst **sii**zënz aar sprinng annd **or**tëmm

Nous avons visité la ville une ou deux fois déjà.
We have visited the city once or twice already.
ouii Hàvv **vi**zitëd DHë **si**tii oueuntts or touaïss or**lrè**di

Nous devons partir tout de suite.
We have to leave at once.
ouii Hàvv tou liiv att oueuntts

Jours fériés

En plus des **public holidays** (Noël, etc.) la Grande-Bretagne compte trois autres jours fériés variables, appelés **bank holidays** (car, à l'origine, toutes les banques fermaient donc le commerce s'arrêtait). Il existe de légères différences entre l'Angleterre, le pays de Galles et l'Écosse, mais les principaux jours de congés sont :

New Year's Day	niou ieurz **déé**	1er janvier, Nouvel An
Easter Monday	iistë **meunn**déé	lundi de Pâques
Christmas Day	**kriss**mëss déé	25 décembre, Noël

Il y a aussi...

Boxing Day *[bok*sinng *déé]* : le 26 décembre ;
Early May Bank Holiday *[eur*lii *méé bannk* **Ho***lidéé]* : le premier lundi de mai ;
Spring Bank Holiday *[sprinng bannk* **Ho***lidéé]* : le dernier lundi de mai ;
Summer Bank Holiday *[seu*mmë *bannk* **Ho***lidéé]* : le dernier lundi d'août.

Bien que beaucoup de magasins restent ouverts, les administrations, bâtiments publics (et les banques…), ainsi que certains musées sont fermés.

En Écosse, on fête aussi le saint-patron, **Saint Andrew** (fin novembre / début décembre) ainsi que le 2 janvier. Il n'y a pas de fête nationale en Angleterre mais certains nationalistes réclament l'adoption de la Saint-George (le 23 avril) comme jour férié pour marquer l'identité anglaise par rapport aux voisins gallois et écossais.

↗ Appel à l'aide
Urgences

En Grande-Bretagne, outre le numéro paneuropéen (le 112), vous pouvez composer le 999 (*naïnn naïnn naïnn*), commun aux pompiers, ambulances et à la police. Vous entendrez :

Les urgences. Quel service désirez-vous ?
Emergency. Which service do you require?
i**mmeu**djënntsii ouitch **seur**viss dou iou ri**ikwaï**-ë

Vous répondrez alors :

la police	les pompiers	une ambulance
police	**fire brigade**	**ambulance**
pliiss	faï-ë briguéédd	**amm**bioulënnts

Voici quelques autres expressions qui vous aideront :

Attention !	**Look out!**	louk aoutt
Au feu !	**Fire!**	**faï**-ë
Au secours !	**Help!**	Hèlp
Dépêchez-vous !	**Hurry!**	**Heu**rii

Appelez vite au secours !
Get help quickly!
gett Hèlp **kouik**lii

Il y a eu un accident.
There has been an accident.
DHèr Hazz biinn ënn **ak**ssidënnt

Il/elle est malade.
He/she is ill.
Hii/chii iz ill

Je suis blessé(e).
I am hurt.
aï amm Heurt

J'ai été agressé(e).
I have been mugged.
aï Hàvv biinn meugd

Les secours arrivent.
Help is on its way.
Hellp iz onn its ouée
(l'aide est sur son chemin)

Si quelqu'un vous importune…

Allez-vous-en !
Go away!
*goo ë**ouéé***

Laissez-moi !
Leave me alone!
*liiv mii ë**loonn***
(laissez-moi seul)

↗ Écriteaux, panneaux

Business Hours	***biz**niss **aou**-ëz*	Heures d'ouverture
Emergency Exit	***immeu**djënntsii **èk**sit*	Sortie de secours
Entrance/Exit **Way In/Way Out**	*ènn**trë**nts/**èk**ssitt* *ouéé inn/ouéé aoutt*	Entrée/Sortie
Ladies/Women	***léé**diiz/**oui**minn*	Dames
Men/Gentlemen/ Gents	*mènn/**djènn**tëlmën/ djënntss*	Messieurs
No Entry	*noo **ènn**trii*	Interdiction d'entrer
Open/Closed	***oo**pënn/kloozd*	Ouvert/Fermé
Push/Pull	*pouch/poull*	Poussez/Tirez
Toilets **Public Conveniences**	*toïlëtts* ***peub**lik keunn**vii**nienntsëz*	Toilettes

Arrivals/Departures	*ëraï**vël**z/di**paa**tchëz*	Arrivées/Départs
Cashiers (banque) **Checkout** (magasin)	*ka**chii**ëz* *tchèk**aout**t*	Caisse
Disabled	*di**séé**bëld*	Handicapés
Enquiries	*inn**kouaï**riiz*	Renseignements
Escalator	*èssk**ëléé**të*	Escalator
For Hire (voiture, etc.) **To Let** (immobilier)	*for haï-ë* *tou lètt*	À louer
For Sale	*for séél*	À vendre

CONVERSATION

Lift	*lift*	Ascenseur
Private	**praï**vëtt	Privé
Sale	*séél*	Soldes
Sold Out	*sold aoutt*	Complet
Stairs	*stairz*	Escalier
Tourist Office	**tou**rist *o*fiss	Office de tourisme
Ticket Office	**ti**kèt *o*fiss	Billets

Abréviations courantes

AD = Anno Domini	*éé-dii*	après J.-C.
BC = before Christ	*bii-sii*	avant J.-C.
AM/a.m./am = ante meridiem	*éé-èmm*	matin
PM/p.m./pm = post meridiem	*pii-èmm*	après-midi
BST = British Summer Time	*bii-èss-tii*	l'heure d'été (GMT + 1)
GMT = Greenwich Mean Time	*djii-èmm-tii*	temps universel
Ltd = limited	-	S.A.R.L.
plc/PLC = public limited company	*pii-èll-sii*	S.A.
VAT = value added tax	*vii-éé-tii/vatt*	T.V.A.
in = inch	-	2,54 cm
ft = foot	-	30,48 cm
yd = yard	-	91,44 cm
oz = ounce	-	28,43 g
lb = pound	-	453 g
m.p.h./mph = miles per hour		mile (= 1,6 km) à l'heure

↗ **Voyager**

Si vous résidez dans un pays européen, vous n'aurez pas, en principe, à montrer votre passeport en arrivant en Grande-Bretagne. Dans le cas contraire :

le contrôle des passeports	**Passport Control**	**pass**portt kënn**trool**
la douane	**Customs**	**keuss**teumz
un passeport	**a passport**	ë **pass**portt
marchandises à déclarer	**goods to declare**	goudz tou di**klair**
rien à déclarer	**nothing to declare**	neu**TH**innng tou di**klair**

Passeport(s) s'il vous plaît.
Passport(s) please.
passportt(s) pliiz

Vous venez au Royaume-Uni pour affaires ou pour le tourisme [plaisir] ?
Are you visiting the UK for business or pleasure?
aar iou **vizi**tinng DHë iou kéé for **biz**niss or **plè**zhë

Je suis / Nous sommes ici...	**I am / We are here...**	aï amm/ouii aar **Hii**-ë
pour affaires.	**on business.**	ònn **biz**niss
en vacances.	**on holiday.**	ònn **Ho**lidéé
pour les études.	**to study.**	tou **steu**dii

Les enfants sont sur mon passeport.
The children are on my passport.
DHë **tchil**drënn aar ònn maï **pass**portt

Change

Vous trouverez des bureaux de change (désignés par le terme français ou par "**moneychanger**") dans les aéroports et gares maritimes ainsi que dans certaines banques. En ville, il y a de nombreux distributeurs automatiques de billets acceptant les principales cartes de crédit. Vous les trouverez un peu partout, y compris dans certaines épiceries.

Où puis-je changer...?	Where can I change...?	ouèr kann aï tchééndj
des devises	**foreign currency**	**fo**rënn **keu**rënntsii
des dollars canadiens	**Canadian dollars**	kënnéédiënn **do**lëz
des euros	**euros**	**iou**rooz
des francs suisses	**Swiss francs**	souiss frannks

Y a-t-il un distributeur de billets près d'ici ?
Is there a cash machine near here?
*iz DHèr ë kach më**chiinn nii**-ë **Hii**-ë*
(est là une espèces machine près ici)

Puis-je payer en chèque de voyage ?
Can I pay by traveller's cheque?
*kann aï péé baï **trav**lëz tchèk*

En avion

Outre les deux grandes plate-formes internationales que sont Heathrow et Gatwick, Londres est desservie par Stansted (vols charters et à bas prix) et London City (vols d'affaires). Le Royaume-Uni possède aussi une vingtaine d'aéroports régionaux.

un avion	a plane	ë pléénn
les bagages	luggage	**leu**gidj
un billet	a ticket	ë **ti**kèt
un billet électronique	an e-ticket	ënn **ii**-tikèt
un (billet) aller simple	a single (ticket)	ë **sinn**gël (tikèt)
un (billet) aller-retour	a return (ticket)	ë rii**teurn**n (tikèt)
un comptoir d'enregistrement	a check-in (desk)	ë **tchè**k-inn (dèsk)
une carte d'embarquement	a boarding pass	ë **bor**dinng pass
une compagnie aérienne	an airline	ënn **èr**laïnn
l'atterrissage	landing	**lann**dinng
le décollage	takeoff	**téé**koff
une piste d'atterrissage	a runway	ë **reunn**ouéé
une porte d'embarquement	a boarding gate	ë **bor**dinng géétt
un vol	a flight	ë flaïtt

Où est le comptoir d'enregistrement pour le vol… ?
Where is the check-in for flight…?
*ouèr iz DHë **tchèk**inn fë flaïtt*

À quelle heure est le prochain vol pour… ?
When is the next flight to…?
ouènn iz DHë nèkst flaïtt tou

J'aimerais une place côté hublot/couloir s'il vous plaît.
I would like a window / an aisle seat, please.
*aï ououd laïk ë **ouinn**doo/ënn aïll siit pliiz*

À quelle heure décollons/atterrissons-nous ?
What time do we take off/land?
ouòtt taïmm dou ouii téék off/lannd

En train

Les chemins de fer britanniques sont privatisés depuis les années quatre-vingt-dix. De ce fait, plusieurs compagnies peuvent desservir une même destination, et les billets ne sont pas nécessairement valables d'une ligne à l'autre. Renseignez-vous avant votre départ (www.nationalrail.co.uk).

un train	a train	ë tréénn
un train direct	a direct train	ë daïrèkt tréénn
un train omnibus	a stopping train	ë **sto**pinng tréénn
un aller simple/ aller-retour pour…	a single/return to…	**sinn**gël/rii**teurnn** tou…
un billet	a ticket	ë **ti**kèt
un billet à tarif réduit "heures creuses"	an off-peak ticket	ënn **off-piik ti**kèt
1ʳᵉ/2ᵉ classe	first/second class	feurst/**sè**kënnd klaass
bureau des objets trouvés	lost property office	losst **pro**pëtii **o**fiss
une consigne	left-luggage office	**lèft leu**gidj **o**fiss
une consigne automatique	luggage lockers	**leu**gidj **lo**këz
une gare (centrale)	a (main) station	ë (méénn) **stéé**chënn
un guichet	a ticket office	ë **ti**kèt **o**fiss
un horaire	a timetable	ë **taïmm**téébël
le prix d'un billet	a fare	ë féér
un quai / une voie	a platform	ë **platt**form
une réduction	a discount	ë **diss**kaounnt
un trajet	a journey	ë **djeur**nnii

J'aimerais deux allers-retours pour Bradford, s'il vous plaît.
I would like two returns to Bradford, please.
*aï ououd laïk tou rii**teurnnz** tou **bradd**fëd pliiz*

Y a-t-il des tarifs "heures creuses" ?
Are there any off-peak fares?
aar DHèr ènnii off-piik faïrz

Le train pour Portsmouth Harbour part de quel quai ?
What platform does the Portsmouth Harbour train leave from?
*ouòtt **platt**form deuz DHë **ports**smëTH **Haa**bë tréénn liiv fromm*

À quelle heure arrivons-nous à... ?
What time do we arrive at...?
*ouòtt taïmm dou ouii ë**raïv** att*

Le train de 10 heures est annulé.
The 10 o'clock train has been cancelled.
*DHë tenn ë**klok** tréénn hazz biinn **kann**sëld*

Est-ce que cette place est libre ?
Is this seat free?
iz THis siit frii

Où dois-je/devons-nous changer pour ... ?
Where do I/we change for...?
ouèr dou aï/ouii tchééndj for

Nous avons ... minutes de retard.
We are ... minutes late.
*ouii aar ... **mi**nnits lèét*

CONVERSATION

En car

Le Royaume-Uni possède un réseau dense d'autocars desservant toutes les grandes villes à des tarifs très compétitifs. Le plus grand opérateur à l'échelle nationale est National Express (www.nationalexpress.com).

Le vocabulaire standard (*billet*, etc.) est le même que pour le train et l'avion. Notez cependant :

un autocar	a coach	ë kootch
un arrêt	a (coach) stop	ë (kootch) stop
un conducteur	a driver	ë **draï**vë
une gare routière	a coach station a bus terminal	ë kootch **stéé**chën ë beuss **teur**minël
un point de départ (du car)	a (coach) bay	ë (kootch) béé

Comment puis-je rejoindre la gare routière de Victoria ?
How do I get to the Victoria Coach Station?
*Hao dou aï gett tou DHë vik***tor***iië kootch **stéé**chën*

Y a-t-il une liaison pour Birmingham ?
Is there a service to Birmingham?
*iz DHèr ë **seur**viss tou **beur**minnghamm*

Pouvez-vous nous avertir quand nous arrivons à l'arrêt de Cambridge s'il vous plaît ?
Can you tell us when we reach the Cambridge stop, please?
*kann iou tèl euss ouènn ouii riitch DHë **kéém**bridj stop pliiz*

Combien de temps dure le trajet ?
How long does the journey last?
*Hao lonng deuz DHë **djeur**nnii laast*

En taxi

À Londres vous reconnaîtrez facilement les fameux **black cabs** (*taxis noirs*), que vous pouvez héler dans la rue si la lumière jaune à l'avant est allumée. Il existe aussi des taxis "sous licence", appelés **minicabs**, qui doivent être commandés à l'avance et qui n'ont pas de taximètre. Il faut donc demander le prix de la course avant. Ce double système existe dans la plupart des grandes villes.

Pouvez-vous me commander un taxi/minicab s.v.p. ?
Can you order me a taxi/minicab, please?
*kann iou **or**dë mii ë **tak**sii/**mi**niikab pliiz*

Je veux aller à…
I want to go to…
aï ouònnt tou goo tou

Voici l'adresse.
Here is the address.
Hii**-ë iz DHë ë**drèss

Combien coûte la course ?
How much is the fare?
Hao meutch iz DHë fair

Vous pouvez me laisser descendre ici.
You can drop me off here.
*iou kann drop mii off **Hii**-ë*

En deux-roues

un casque	a helmet	ë **Hèl**mët
une mobylette	a moped	ë **moo**pèd
une moto	a motorbike	ë **moo**tëbaïk
un scooter	a scooter	ë **skou**të
un vélo	a bike	ë baïk

CONVERSATION

Certaines grandes villes ont adopté un système de location de vélos en libre-service, comme à Paris ou dans d'autres grandes villes. À Londres, ce dispositif s'appelle **Cycle Hire** mais les Londoniens l'appellent **Boris Bikes** d'après le maire de Londres, Boris Johnson, qui en est à l'origine.

une borne	a docking station	ë **dok**inng **stéé**chënn
un code pour décrocher le vélo	a release code	ë ri**liiss** kood
un couloir pour vélo	a cycle/bike lane	ë **saï**kël/baïk lé**én**
location de vélos	cycle hire/bike hire	**saï**kël haï-ë/baïk haï-ë

En bateau/en ferry

La Grande-Bretagne est reliée à plusieurs pays, dont la France et la Belgique, par ferry ou aéroglisseur. Vous pouvez aussi regagner l'Irlande (nord et sud) ainsi que les îles (Orcades, Sorlingues, etc.) en bateau.

un aéroglisseur	a hovercraft	ë **Ho**vëkraaft
un bac, un ferry	a car ferry	ë kaa **fè**rii
une cabine	a cabin	ë **ka**binn
une excursion	a day trip	ë **dée** trip
une gare maritime	a ferry terminal	ë **fè**rii **teur**minël

À quelle heure est le prochain ferry pour... ?
When is the next ferry to...?
ouènn iz DHë nèkst **fè**rii tou

Y a-t-il une navette pour la gare maritime ?
Is there a shuttle (bus) to the ferry terminal?
iz DHèr ë **cheut**ël (beuss) tou DHë **fè**rii **teur**minël

Où est l'embarquement pour les passagers piétons ?
Where do foot passengers board?
*ouèr dou fout **pa**sssëndjëz bordd*

Louer une voiture

Un permis de conduire national (français, belge, suisse, canadien) suffit pour louer une voiture en Grande-Bretagne.

location de voiture	car rental	kaa **rènn**tël
l'assurance	insurance	inn**chour**ënts
un permis de conduire	a driver's licence	ë **draï**vëz **laï**sënnts

J'aimerais louer une voiture pour une semaine.
I would like to rent a car for one week.
aï ououd laïk tou rènnt ë kaa for ouann ouiik

Combien ça coûte par jour ?
How much does it cost per day?
Hao meutch deuz it kost peur déé

L'assurance est-elle comprise ?
Is insurance included?
*iz inn**chour**ënts inn**klou**did*

Quel type de carburant faut-il mettre ?
What kind of fuel does it take?
ouòtt kaïnd ëv fioul deuz it téék

Circuler en voiture

En Grande-Bretagne, la conduite se fait à gauche ! Aux ronds-points et carrefours, on cède la priorité aux véhicules venant de la droite.
Le réseau routier est de bonne qualité et les autoroutes sont gratuites.

une voiture	a car	ë kaa
une autoroute	a motorway	ë **moo**të-ouéé
une carte routière	a road map	ë rood map
la circulation	tra**fic**	**tra**fik
un embouteillage	a traffic jam	ë **tra**fik djamm
l'essence*	petrol	**pè**trël
- diesel/sans plomb	diesel/unleaded	**dii**zël/eunn**lè**did
un garage	a garage	ë **ga**raadj
l'huile	oil	oïll
un parking	a car park	ë kaa paak
une place de stationnement	a parking space	ë **paa**kinng spéés
la priorité	the right of way	DHë raït ëv ouéé
une route nationale	an A road	ënn éé rood
une route secondaire	a B road	ë bii rood
une station-service	a petrol station	ë **pè**trël **stéé**chën
la vitesse (rapidité)	speed	spiid
une vitesse (rapport)	a gear	ë **gii**-ë

* Faux ami important : **fuel** signifie le *carburant* en anglais (le *fioul* se dit **fuel oil**).

Comment puis-je me rendre à… ?   *Puis-je me garer ici ?*
How do I get to…?   **Can I park here?**

Hao dou aï gett tou   *kann aï paak **Hii**-ë*

Où est la station-service la plus proche ?
Where is the nearest petrol station?
ouèr iz DHë **nii**rëst **pè**trël **stéé**chënn

Je dois prendre de l'essence.
I need petrol.
aï niid **pè**trel

Le plein s'il vous plaît.
A full tank, please.
ë foul tannk pliiz

Pouvez-vous vérifier la pression des pneus / le niveau d'huile ?
Can you check the tyre pressure/oil?
kann iou tchèk DHë **taï**-ë **prè**chë/oïll

En cas de problème

Y a-t-il un garage près d'ici ?
Is there a garage near here?
iz THèr ë **ga**raadj nii-ë **Hii**-ë

J'ai un pneu crevé.
I have a flat tyre.
aï Hàvv ë flatt **taï**-ë
(j'ai un pneu plat)

Ma voiture ne veut pas démarrer.
My car won't start.
maï kaa ouoont staat

La batterie est à plat.
The battery is flat.
THë **ba**tërii iz flatt

Je suis tombé(e) en panne.
I have had a breakdown.
aï Hàvv Had ë **bréék**daounn

Pouvez-vous le réparer ?
Can you repair it?
kann iou ri**pair** it

Combien de temps cela prendra-t-il ?
How long will it take?
Hao lonng ouil it téék

Combien cela coûtera ?
How much will it cost?
Hao meutch ouil it kost

Mots utiles

l'accélérateur	the accelerator	DHë ak**sè**l**ë**réétë
l'allumage	the ignition	DHë ig**ni**chënn
la boîte de vitesses	the gearbox	DHë **gii**-ëboks
une ceinture de sécurité	a seat belt	ë siit belt
un clignotant	an indicator	ënn **inn**dikéétë
le coffre	the boot	DHë boutt
le démarreur	the starter	DHë **staa**të
l'embrayage	the clutch	DHë kleutch
les essuie-glaces	the windscreen wipers	DHë **ouinnd**skriinn **ouaï**përz
le frein à main	the handbrake	DHë **hannd**bréék
les freins	the brakes	DHë brééks
le moteur	the engine	DHë **inn**djinn
un phare	a headlight	ë **Hèd**laït
un pneu	a tyre	ë **taï**-ë
le réservoir	the petrol tank	DHë **pètrël** tannk
un rétroviseur	a rear-view mirror	ë **rii**-ë viou **mi**rë
une roue	a wheel	ë ouiil
~ de secours	a spare wheel	ë spair ouiil
les vitesses	the gears	DHë **gii**-ëz
le volant	the steering wheel	DHë **stii**rinng ouiil

Panneaux

CONGESTION CHARGING	kën**djès**tchënn **tchaa**djinng	ZONE DE PÉAGE URBAIN (Londres)
DETOUR	**dii**tour	DÉVIATION

DUAL CARRIAGEWAY	di**ou**ël **ka**ridjouéé	ROUTE À DEUX VOIES
ENGAGE LOW GEAR	inn**géédj** loo **gii**-ë	UTILISEZ LE FREIN MOTEUR
GIVE WAY	giv ouéé	CÉDEZ LE PASSAGE
NO THROUGH ROAD	noo THrou rood	SANS ISSUE
ONE WAY	ouann ouéé	SENS UNIQUE
REDUCE SPEED NOW	ri**diouss** spiid naou	RALENTISSEZ MAINTENANT
ROAD WORKS	rood oueurkss	TRAVAUX
ROUNDABOUT	**raoun**dëbaoutt	ROND-POINT
SAFE HEIGHT	sééf Haït	HAUTEUR LIMITÉE (suivi de la hauteur autorisée)
SOFT VERGES	soft **veur**djiz	ACCOTEMENT NON STABILISÉ
DRIVE SLOWLY	draïv **sloo**lii	ROULEZ À BAS RÉGIME

↗ En ville

Une ville se dit **a town** pour une ville moyenne et **a city** pour une agglomération importante (il n'y a pas de définition officielle, bien que chaque **city** possède une cathédrale). Dans un bourg ou un village, la rue principale s'appelle souvent **the High Street** (comme *la Grand-rue* en France).

Pour trouver son chemin

une banlieue	**a suburb**	ë **seub**eurb
le centre-ville	**the city/town centre**	DHë **si**tii/taounn **sènn**të
une direction	**a direction**	ë dë**rèk**chënn
un plan	**a map**	ë mapp
une rue	**a street**	ë striitt
la vieille ville	**the old city/town**	DHii oold **si**tii/taounn

CONVERSATION

| une ville | a city/town | ë **si**tii/taounn |
| une zone piétonne | a pedestrian precinct | ë pëdèstrii-ënn **prii**sinkt |

Excusez-moi, où se trouve… ?
Excuse me, where is…?
ekskiouz mii ouèr iz

C'est…	It's…	its
à droite.	on the right.	ònn THë raïtt
à gauche.	on the left.	ònn THë lèft
à l'angle.	on the corner.	ònn THë kornë
après le croisement.	after the crossroads.	aaftë THë krossroodz
après le feu.	after the traffic light.	aaftë THë trafik laït
90 mètres plus loin.	a hundred yards further on.	ë Heunndrëd iaadz feurTHë ònn
derrière.	behind.	biHaïnnd
en face.	opposite.	opëzit
tout droit.	straight on.	stréét ònn

le nord	north	norTH
le sud	south	saouTH
l'est	east	iist
l'ouest	west	ouèsst

Les termes pour les points intermédiaires (*nord-est*, etc.) se forment de la même manière qu'en français (**north-east**, etc.).

Est-ce le bon chemin pour aller à la gare ?
Is this the right way to the station?
iz THis DHë raïtt ouéé tou DHë stééchën

Est-ce loin à pied ?
Is it far on foot?
iz it faa onn foutt

Pouvez-vous me montrer sur le plan ?
Can you show me on the map?
kann iou choo mii ònn DHë mapp

À pied et en voiture

Je suis perdu(e).
I am lost.
aï amm lost

Prenez la deuxième (rue) à gauche.
Take the second (street) on the left.
téék DHë **sè**kënnd striit ònn DHë lèft

Vous vous êtes trompé(e) de chemin.
You are going the wrong way.
iou aar **goo**inng DHë ronng ouéé

Continuez tout droit.
Keep straight on.
kiip strééť ònn

Vous devez faire demi-tour.
You have to do a U-turn.
iou Hàvv tou dou ë iou teurnn

Merci de votre aide.
Thanks for your help.
THannks for ior Hèlp

Métro, bus, tramway

Outre le célèbre **Tube** londonien, le nom familier du **London Underground**, il existe des systèmes de métro desservant la ville de Newcastle et sa région dans le nord-ouest de l'Angleterre (appelé **the Metro**) ainsi qu'à Glasgow en Écosse (**the Subway**). Il existe aussi une dizaine de tramways.

un bus	a bus	ë beuss
un arrêt de bus	a bus stop	ë beuss stop
~ facultatif	a request stop	ë ri**kouèst** stop
le métro	the Underground (générique)	DHë **eun**dëgraounnd
	the Tube (Londres)	DHë tioub
une station de métro	an Underground/ Tube station	ënn **eun**dëgraounnd/ tioub **stéé**chënn
un tram(way)	a tram(way)	ë tramm(ouéé)

Excusez-moi, y a-t-il un(e) station de métro/arrêt de bus près d'ici ?
Excuse me, is there an Underground station/a bus stop near here?
eks**kiouz** mii iz DHèr ënn **eun**dëgraounnd stéé**chënn**/ë beuss stop **nii**-ë **Hii**-ë

Où puis-je acheter un ticket ? *Où devons-nous descendre ?*
Where can I buy a ticket? **Where do we get off?**
ouèr kann aï baï ë **ti**kèt ouèr dou ouii gett off

Visite d'expositions, musées, sites

Des pierres néolithiques de Stonehenge dans l'ouest de l'Angleterre aux châteaux hantés d'Écosse en passant par les galeries d'art branchées de Whitechapel ou de Liverpool, la Grande-Bretagne regorge de richesses culturelles et touristiques pour tous les âges et centres d'intérêt. Une bonne nouvelle : nombre de grands musées sont gratuits !

un billet d'entrée	a ticket	ë **ti**kèt
l'entrée	the entrance	DHë **ènn**trënts
entrée gratuite	admission free	ëd**mich**ënn frii
une exposition	an exhibition	ënn èksi**bi**chënn
une galerie d'art	an art gallery	ënn aat ga**lë**rii
un guichet	a ticket office	ë **ti**kèt **o**fiss
un magasin de souvenirs	a gift shop	ë gift chop
un musée	a museum (historique) an art gallery (peinture, etc.)	ë miou**zii**-ëmm ënn aat ga**lë**rii
une réduction	a discount	ë **dis**kaount
une visite guidée	a guided tour	ë **gaï**dëd tour

Je cherche le guichet.
I am looking for the ticket office.
aï amm **lou**kinng for DHë **ti**kèt **o**fiss

Deux adultes et un enfant s'il vous plaît.
Two adults and one child, please.
tou **a**deults annd ouann tchaïld pliiz

À quelle heure est la dernière entrée ?
What time is the last entry?
ouòtt taïmm iz DHë laast **ènn**trii

Autres curiosités

une abbaye	an abbey	ënn **a**bii
une bibliothèque	a library	ë **laï**brërii
un centre commercial	a shopping centre/mall	ë **cho**pping **senn**të/ morll
un château (fort)	a castle	ë **kaa**sël

un jardin	a garden	ë **gaa**dën
un marché	a market	ë **maa**kit
un palais	a palace	ë **pa**lëss
le parlement	the parliament building	DHë **paa**lëmënnt **bil**dinng
	the Houses of Parliament (Londres)	DHë **Haou**zëz ëv **paa**lëmënnt
une tombe	a tomb	ë toum
une tour	a tower	ë **taou**-ë
une université	a university	ë iouni**veur**sitii
un zoo	a zoo	ë zou

Sorties (cinéma, théâtre, concert…)

Si vous visitez Londres, les principaux théâtres et cinémas sont concentrés dans le quartier central qui s'appelle… le **West End** ("extrémité ouest") !

un cinéma	a cinema	ë **sinn**ëmaa
un concert	a concert (classique)	ë **konn**sët
	a gig (rock, pop, etc.)	ë gig
une salle de concert	a concert hall	ë **konn**sët horl
un groupe	a band	ë bannd
un guichet / une billetterie	a box office	ë boks **o**fiss
un multiplexe	a mutiplex	ë **meul**tiplëks
une place	a seat	ë siit
un opéra	an opera (œuvre)	ënn **o**prë
	an opera house (salle)	ënn **o**prë Haouss
un orchestre	an orchestra	ënn or**kès**trë
un théâtre	a theatre	ë **THii**-ëtë

À quelle heure commence le film ?
When does the film start?
ouènn deuz DHë film staat

Le film est-il sous-titré ?
Is the film subtitled?
iz DHë film **seub**taïtëld

J'aimerais deux places pour le concert de ce soir, s'il vous plaît.
I would like two seats for tonight's concert, please.
*aï ououd laïk tou siits for të**naïts konn**sët pliiz*

Vous pouvez acheter vos places au guichet ou en ligne.
You can buy tickets at the box office or online.
*iou kann baï **ti**kèts att DHë boks **o**fiss or onn**laïnn***

Le spectacle se joue à guichets fermés.
The show is sold out.
DHë choo iz sold aoutt

La nuit

Les boîtes de nuits de Londres, bien sûr, mais aussi de Manchester, Leeds, Brighton, Glasgow et bien d'autres villes britanniques sont parmi les meilleures d'Europe. Petit vocabulaire pour tirer le maximum du **club scene** local :

une boîte de nuit	a club	*ë kleub*
aller en boîte	to go clubbing	*tou goo **kleu**binng*
(frais d')entrée	entry fee cover charge	***ènn**trii fii* ***keu**vë tchaadj*
la politique d'entrée	the door policy	*DHë dor **po**lisii*
un portier/ physionomiste	a doorman	*ë **dor**mënn*
une soirée à thème ~ pour célibataires	a theme night a singles night	*ë **TH**iim naït ë **sinn**gëlz naït*
le code vestimentaire	the dress code	*DHë drèss kood*
vestiaires	cloakrooms	***klook**roumz*

À la poste

une boîte aux lettres	a letter box	ë **lè**të boks
un bureau de poste	a post office	ë poost **o**fiss
une carte postale	a post card	ë poost kaad
un colis	a parcel	ë **par**sël
le courrier	mail	méél
une enveloppe	an envelope	ënn **ènn**vëloop
une lettre	a letter	ë **lè**të
un timbre	a stamp	ë stammp
en express	by express mail	baï eks**près**s méél
en recommandé	by recorded mail	baï ri**kor**dëd méél
par avion	by airmail	baï **air**méél

Où se trouve le bureau de poste le plus proche ?
Where is the nearest post office?
*ouèr iz DHë **niir**ëst poost **o**fiss*

J'aimerais des timbres pour l'Europe / le Canada.
I would like some stamps for Europe/Canada.
*aï ououd laïk sëm stammps fë **iou**ropp/**ka**nnëdë*

Je veux envoyer cette lettre en recommandé s'il vous plaît.
I want to send this letter by recorded mail, please.
*aï ouònnt tou sènnd THis **lè**të baï ri**kor**dëd méél pliiz*

Au téléphone

Lorsqu'ils répondent au téléphone, les Britanniques disent généralement **Hello?** Certains annoncent aussi leur numéro. Les numéros de téléphone "s'épellent" (chaque chiffre est prononcé séparément). Le zéro se prononce comme la lettre **o** : *[o-o]*.

un annuaire	a phone book	ë foonn bouk
une carte SIM	a SIM card	ë simm kaad
un chargeur	a charger	ë **tchaa**djë
un indicatif	a dialling code	ë **daï**-ëlinng kood
~ pays	a country code	ë **keunn**trii kood
une messagerie vocale	voicemail	**voïs**méél
un numéro de téléphone	a phone number	ë foonn **neum**bë
un portable	a mobile (phone)	ë **mo**bile (foonn)
les renseignements	directory enquiries	dërèktrii inn**kouaï**riiz
un SMS	an SMS	ënn ess-emm-ess
un téléphone	a phone	ë foonn
	a telephone (formel)	ë **tè**lëfoonn

Je dois passer un coup de fil.
I must make a phone call.
aï meust méék ë foonn korl

Bonjour, vous êtes au 275 329 2701.
Hello, this is two seven five, three two nine, two seven oh one.
Hèloo THis iz tou sèvënn faïv THrii tou naïnn tou sèvënn o-o ouann

Qui est à l'appareil ?   *Puis-je parler à Simon ?*
Who is speaking?   **Can I speak to Simon?**
Hou iz **spii**kinng   kann aï spiik tou **saï**mënn

J'aimerais laisser un message à Sheila.
I would like to leave a message for Sheila.
aï ououd laïk tou liiv ë **mèss**ëdj for **chii**lë

Quel est l'indicatif pour la France/la Suisse/la Belgique ?
What is the country code for France/Switzerland/Belgium?
ouòtt iz DHë **keunn**trii kood for fraants/**souitt**zëlënnd/**bèl**djëmm

CONVERSATION

Quel est votre numéro de téléphone/portable ?
What is your phone/mobile number?
*ouòtt iz ior foonn/**moo**baïl **neum**bë*

Pouvez-vous me rappeler ?
Can you call me back?
kann iou korl mii bak

Appuyez sur "étoile"/"dièse".
Please press "star"/"pound".
pliiz prèss staa/paounnd

Internet

Y a-t-il un cybercafé près d'ici ?
Is there an Internet café near here?
*iz DHèr ënn **inn**tënètt kafféé **nii**-ë **Hii**-ë*

Je dois consulter mes e-mails.
I need to check my email.
*aï niid to tchèk maï **ii**méél*

Comment dois-je faire pour me connecter ?
How do I get online?
*Hao dou aï gett onn**laïnn***
(comment vais je en-ligne)

Rappelons que les touches sur un clavier britannique ne sont pas disposées de la même façon qu'en France (la première ligne commence par QWERTY au lieu d'AZERTY). Méfiez-vous donc pour les points et l'arobase !

Avez-vous un clavier AZERTY/français ?
Do you have an AZERTY/a French keyboard?
*dou iou Hàvv ënn **az**eurtii/ë frèncth **kii**bord*

Comment je fais pour avoir l'arobase ?
How do I get the "at" sign?
Hao dou aï gett DHë att saïnn

(Voir aussi p. 145-146 pour du vocabulaire supplémentaire.)

L'administration

Voici une petite liste de services administratifs où vous pouvez vous rendre en cas de perte ou de vol.

Ce que vous cherchez…

une ambassade	an embassy	ënn **èmm**bësii
un commissariat	a police station	ë pliis **stéé**chënn
un consulat	a consulate	ë **konn**sioulët
la police	the police	DHë pliis

Je cherche le consulat français/suisse/belge.
I'm looking for the French/Swiss/Belgian consulate.
aïm loukinng fë DHë frèntch/souis/beldjën konnsioulët

Ce que vous pouvez perdre…

Je veux signaler un vol.
I want to report a theft.
*aï ouònnt tou ri**port**t ë THèft*

Mon/mes … a/ont été volé(s).
My … has/have been stolen.
*maï … Hazz/Hàvv biinn **stoo**lënn*

J'ai perdu mon/ma/mes…	I have lost my…	aï Hàvv lost maï
appareil photo.	camera.	**kamm**rë
carte de crédit.	credit card.	**krè**dit kaad
carte d'identité.	identity card.	aï**dènn**titii kaad
montre.	watch.	ouotch

papiers.	**papers.**	*pée**pëz*
passeport.	**passport.**	***pass**portt*
portefeuille.	**purse.** (femme)	*peurss*
	wallet. (homme)	***ouo**lët*
sac à main.	**handbag.**	***hannd**bag*

J'ai besoin d'une attestation officielle pour mon assurance.
I need an official document for my insurance.
*aï niid ënn ë**fi**chël **dok**iourmënnt for maï inn**chour**ënts*

À la banque

La monnaie officielle en Grande-Bretagne est la livre sterling : **the pound** (**sterling** s'emploie pour désigner la monnaie plutôt que les unités, comme l'euro ou le dollar). Elle est divisée en centièmes : **a penny** et **pence** au pluriel. Vous entendrez certainement le mot invariable **quid**, terme argotique pour *une/des livres*.

l'argent	**money**	***meu**nnii*
une banque	**a bank**	*ë bannk*
un billet	**a note/a banknote**	*ë noot/ë **bannk**noot*
un bureau de change	**a bureau de change/moneychanger**	*ë **biou**roo de chondj/**meu**nnii**tchéén**djë*
une carte de crédit	**a credit card**	*ë **krè**dit kaad*
le change, les devises	**foreign currency**	***fo**rënn **keu**rënntsii*
un compte	**an account**	*ënn ë**kaount***
un distributeur de billets	**an ATM**	*ënn éé-tii-èm*
	a cash machine	*ë kach më**chiinn***
la monnaie (petites pièces)	**change**	*tchééndj*
une pièce	**a coin**	*ë koïn*

Puis-je changer des euros en livres ?
Can I change euros for pounds?
*kann aï tchéédj **iou**rooz fë paoundz*

Nous voudrions retirer l'équivalent de 500 €.
We would like to withdraw the equivalent of five hundred euros.
ouii ououd laïk tou ouiTHdror DHi i**koui**vëlènt ëv faïv **Heunn**drëd **iou**rooz

Où puis-je trouver un distributeur automatique ?
Where can I find an ATM / a cash machine?
ouèr kann aï faïnd ënn éé-tii-èm / ë kach më**chiinn**

Est-ce que ma carte marchera dans cet appareil ?
Will my card work in this machine?
ouil maï kaad oueurk inn DHis më**chiinn**

↗ Plage, piscine et sports de loisir

Étant une île, la Grande-Bretagne ne manque pas de plages ! Des dunes de Saunton Sands dans le Devon au "lagon bleu" d'Abereiddi au pays de Galles, en passant par le sable fin de Sinclair's Bay à l'extrémité nord de l'Écosse, il y en a pour tous les goûts. Et pour les amateurs de surf, la côte des Cornouailles est un véritable paradis, dont l'épicentre est le coquet port de pêche de Newquay, *[nioukii]*.

marée basse/haute	high/low tide	Haï/loo taïd
un maître-nageur	a lifeguard	ë **laïf**gaad
la mer	the sea	DHë sii
une plage	a beach	ë biitch
une piscine	a swimming pool	ë **souim**inng poul
une planche de surf	a surfboard	ë **seurf**bord
plonger / la plongée	to dive/diving	tou daïv/**daï**vinng
le sable	sand	sannd

CONVERSATION

le surf (activité)	surfing	*seur*finnng
un transat	a deckchair	ë **dèk**tchair
une vague	a wave	ë ouéév

Y a-t-il une plage de sable près d'ici ?
Is there a sandy beach near here?
*iz DHèr ë **sann**dii biitch **nii**-ë **Hii**-ë*

Est-ce qu'on peut se baigner ici sans danger ?
Is it safe to swim here?
*iz it sééf tou souimm **Hii**-ë*

Est-ce qu'il y a une piscine ouverte/couverte en ville ?
Does the town have an open-air/indoor swimming pool?
*deuz DHë taounn Hàvv ënn **oo**pënn-air/**inn**dor **souim**inng poul*

Où est le meilleur endroit pour faire du surf ?
Where is the best place to surf?
ouèr iz DHë bèst pléés tou seurf

Quelques autres activités de loisirs

le golf	golf	golf
le footing/jogging	jogging	**djo**ginng
la planche à voile	windsurfing	**ouinnd**seurfinng
la randonnée	hiking	**Haï**kinng
le tennis	tennis	**tè**nis
le VTT	mountain biking	**maoun**tën baïkinng

Et n'oublions pas le *ski*, **skiiing**, ni le *surf des neiges*, **snowboarding**, car bien que beaucoup de Britanniques se rendent à l'étranger pour pratiquer les sports d'hiver, les stations de ski situées dans les Cairngorms en Écosse ont aussi leurs adeptes.

Camper et camping

le camping / un camping	camping / a campsite	**kamm**pinng / ë **kammp**saït
un camping-car	a camper (van)	ë **kamm**për (vann)
une caravane	a caravan	ë **ka**ravann
un matelas pneumatique	an airbed	ënn **éér**bèd
un sac de couchage	a sleeping bag	ë **slii**pinng bag
un tapis de sol	a groundsheet	ë **graound**chiit
une tente	a tent	ë tènt
monter une tente	to pitch a tent	tou pitch ë tènt

Peut-on camper ici ?
Can we camp here?
*kann ouii kammp **Hii**-ë*

Nous cherchons un camping.
We are looking for a campsite.
*ouii aar **lou**kinng for ë **kammp**saït*

Combien coûte l'emplacement pour la tente ?
How much is the pitch fee?
Hao meutch iz DHë pitch fii

Voici une liste complémentaire d'équipements de camping :

une corde	a rope	ë roop
un couteau	a knife	ë naïf
le gaz butane	butane gas	**biou**téénn gass
un lit de camp	a camp bed	ë kammp bèd
un marteau	a mallet	ë **ma**lët

un ouvre-boîte	a tin opener	ë tin **oo**pënnë
un ouvre-bouteille	a bottle opener	ë **bo**tël **oo**pënnë
un piquet de tente	a tent peg	ë tènnt pèg
un réchaud de camping	a primus stove	ë **praï**mës stoov
un thermos	a thermos flask / a vacuum flask	ë **THeur**mos flaask / ë **vak**ioum flask
un tire-bouchon	a corkscrew	ë **kork**scrou

↗ Hébergement

De manière générale, l'hôtel est assez couteux en Grande-Bretagne. Une bonne alternative est le **bed and breakfast** ("lit et petit-déjeuner", *chambre d'hôte*). Si vous souhaitez rester plusieurs jours ou semaines, cherchez des **self-catering accommodation,** des *logements indépendants avec cuisine* (litt. "restauration soi-même").

une auberge de jeunesse	a youth hostel	ë iouTH **Hos**tël
un hôtel	a hotel	ë Hoo**tèl**
une pension de famille	a guesthouse	ë **gèst**haouss
chambre(s) libre(s)	vacancy(-ies)	**véé**kënssii/**véé**kënssiiz
complet	no vacancy(-ies)	noo **véé**kënssii/**véé**kënssiiz

Avec…

une chambre	a room	ë roum
~ simple/double	a single/double room	ë **sinn**gël/**deu**bël roum
un lit	a bed	ë bèd
~ pour une personne/ double	a single/double bed	ë **sinn**gël/**deu**bël bèd
~ pour enfant	a cot	ë kott

la climatisation	**air-conditioning**	éér kën**di**chëninng
une salle de bains	**a bathroom**	ë **baaTH**roum
une douche	**a shower**	ë **chaou**-ë
des toilettes	**a toilet**	ë **toï**lëtt

Réservation d'hôtel

Avez-vous une chambre pour deux nuits ?
Do you have a room for two nights?
dou iou Hàvv ë roum fë tou naïts

Nous avons une chambre libre.
We have a room free.
ouii Hàvv ë roum frii

Nous sommes malheureusement complet.
I'm afraid we're full.
aïm ë**frééd** ouiir foul
(j'ai peur nous sommes pleins)

Combien coûte une chambre simple par nuit ?
How much is a single room per night?
Hao meutch iz ë **sinn**gël roum peur naït

Est-ce que le petit-déjeuner est compris ?
Is breakfast included?
iz **brèk**fëst inn**klou**did

Avez-vous quelque chose de moins cher ?
Do you have anything cheaper?
dou iou Hàvv ènniTHinng **tchii**pë

une assiette	a plate	ë pléét
beurre	butter	**beu**të
café	coffee	**ko**fii
champignons	mushrooms	**meuch**roumz
chocolat chaud	hot chocolate	Hot **tchok**lët
citron	lemon	**lè**mënn
confiture	jam	djamm
un couteau	a knife	ë naïf
une cuillère	a spoon	ë spoun
eau	water	**ouor**të
une fourchette	a fork	ë fork
fromage	cheese	tchiiz
jambon	ham	Hamm
jus d'orange / de pamplemousse	orange/grapefruit juice	**o**rindj/**gréép**frout djous
lait	milk	milk
lard fumé	bacon	**béé**kën
margarine	margarine	maadjë**riin**
miel	honey	**Heu**nii
muesli	muesli	**miouz**lii
œufs	eggs	ègz
~ sur le plat	fried ~	fraïd ~
~ brouillés	scrambled ~	**skramm**bëld ~
~ à la coque	soft-boiled ~	**soft** boïld ~
~ durs	hard-boiled ~	**haad** boïld ~
pain	bread	brèd
~ blanc	white ~	ouaït ~
~ complet	wholemeal ~	**Hool**miil ~
~ grillé	toast	toostt
un petit pain	a roll	ë rool
poivre	pepper	**pè**pë
pruneaux	prunes	prounz
une saucisse	a sausage	ë **so**sidj

sel	**salt**	*solt*
sucre	**sugar**	***chou**gë*
une tasse	**a cup**	*ë keup*
thé	**tea**	*tii*
un verre	**a glass**	*ë glaas*
yaourt	**yoghurt**	***io**gët*
~ nature	**plain ~**	*pléénn ~*
~ aux fruits	**fruit ~**	*frout ~*

Quelques spécialités typiques

Black pudding *[blak **pou**dinng]* : boudin noir ;
Baked beans *[béékt biinz]* : haricots blancs à la sauce tomate ;
Fried bread *[fraïd bred]* : pain frit dans du saindoux ;
Kippers *[**ki**pëz]* : harengs fumés et salés ;
Marmalade *[**maa**mëlééd]* : confiture d'oranges amères ;
Marmite® *[**maa**maït]* : pâte à tartiner à base d'extrait de levure ;
Porridge *[**po**ridj]* : bouillie de flocons d'avoine.

En cas de petits problèmes

Voici quelques mots-clés qui peuvent vous aider en cas de problème dans votre chambre. Pour former une phrase, citez le terme de l'équipement et faites-le suivre des expressions suivantes :

Le/la/les... ne fonctionne(nt) pas. *Le/la/les...est/sont cassé(es).*
The... isn't working. **The... is broken.**
*DHë... izënt **oueur**kinng* *DHë... iz **broo**kën*

ampoule	**light bulb**	*laït beulb*
chauffage	**heating**	***hii**tinng*
climatisation	**air-conditioning**	*éér kën**di**chëninng*

interrupteur	**light switch**	*laït souitch*
lampe	**lamp**	*lammp*
lumière	**light**	*laït*
prise	**power socket**	***paou**-ë **sok**it*
robinet	**tap**	*tapp*
téléphone	**phone**	*foonn*
télévision	**TV**	*tii vii*
toilettes	**toilet***	***toï**lëtt*

* Toujours au singulier en anglais dans ce contexte.

Je n'arrive pas à baisser la climatisation.
I can't turn down the air conditioning.
*aï kaant teun daoun DHë éér kën**di**chëninng*

Il n'y a pas d'eau chaude.
There is no hot water.
*DHèr iz noo Hott **ouor**të*

Pouvez-vous nous apporter du papier-toilette s'il vous plaît ?
Can you bring us some toilet paper, please?
*kann iou brinng eus sëm **toï**lëtt péépë pliiz*

Régler la note

Puis-je avoir la note pour la chambre 12 s'il vous plaît ?
Can I have the bill for room twelve, please?
kann aï Hàvv DHë bil fë room touèlv pliiz

Pouvez-vous nous appeler un taxi ?
Can you call us a taxi?
*kann iou korl eus ë **tak**sii*

J'ai besoin d'un reçu.
I need a receipt.
*aï niid ë ri**ssiit***

Pouvons-nous laisser nos bagages à la réception jusqu'à ce soir ?
May we leave our luggage at the reception desk until this evening?
*méé ouii liv **aou**-ë **leu**gidj att DHë ri**sèp**chën dèsk eun**til** this **iiv**ninng*

↗ **Nourriture**

Longtemps victime d'une mauvaise réputation, la cuisine britannique fait sa révolution depuis une vingtaine d'années. L'un des meilleurs endroits pour déguster des spécialités locales est **the pub** (apocope de **public house**), où vous pouvez trouver, outre la bière et autres boissons, une cuisine (voir p. 120-121 ; 126) qui va de simples salades à des créations culinaires dignes des grands guides gastronomiques (on appelle d'ailleurs ces établissements des **gastropubs**).

Pour une cuisine plus simple, préférez plutôt **a café** (prononcé *[ka**féé**]*). Et si vous avez envie de goûter au fameux **afternoon tea** (ce goûter qui est un repas en soi, avec sandwiches, gâteaux, etc. arrosés de thé), foncez vers l'une de ces **tea rooms** (litt. "pièce à thé") dont regorgent les villes britanniques. Enfin, rassurez-vous : il existe aussi des **restaurants** *[**res**tronnts]*, classiques !

le déjeuner	**lunch**	*leuntch*
le dîner	**dinner**	***di**nnë*
le souper	**supper**	***seu**pë*
le goûter "dînatoire"	**(afternoon) tea** **high tea**	*(**aaf**tënounn) tii* *Haï tii*
un en-cas	**a snack**	*ë snak*

Au restaurant

J'aimerais réserver une table pour deux pour ce soir.
I would like to reserve a table for two for this evening.
aï ououd laïk tou ri**zeuv** ë **téé**bël for tou for DHis **iiv**ninng

Nous n'avons pas réservé.
We do not have a reservation.
ouii dou nott Hàvv ë rèsë**véé**chën

Avez-vous une table pour quatre [personnes] ?
Do you have a table for four?
dou iou Hàvv ë **téé**bël fë for

À quelle heure prenez-vous les dernières commandes ?
What time do you take last orders?
ouòtt taïmm dou iou téék laast **or**dëz

Acceptez-vous les cartes de crédit ?
Do you take credit cards?
dou iou téék **krè**dit kaadz

une entrée	a starter	ë **staa**të
un plat	a main course	ë méén kors
un plateau de fromages	a cheese board	ë tchiiz bord
un dessert	a dessert/a sweet	ë dii**zeut**/ë souiit

Nous aimerions commander, s'il vous plaît.
We would like to order, please.
ouii ououd laïk tou **or**dë pliiz

Que recommanderiez-vous comme plat principal ?
What would you recommend as a main course?
ouot ououd iou rèkë**mènnd** az ë méén korss

Nous sommes végétariens/végétaliens.
We are vegetarians/vegans.
ouii aar vèdjë**tair**iënz/**vii**gënz

Vous souhaitez régler

Pouvons-nous avoir l'addition s'il vous plaît ?
May we have the bill, please?
méé ouii Hàvv DHë bil pliiz

Est-ce que le service est compris ?
Is service included?
iz **seur**viss inn**klou**did

C'était délicieux !
It was delicious!
it ouoz di**li**chës

Si quelque chose n'allait pas

La viande n'est pas assez cuite/est trop cuite.
The meat is under-cooked/over-cooked.
DHë miit iz **eun**dë-koukt/**oo**vë-koukt
(la viande est sous-cuite/sur-cuite)

Nous n'avions pas commandé cela.
We didn't order this.
ouii **di**dënt **or**dë DHis

Nous attendons depuis longtemps.
We have been waiting for a long time.
ouii Hàvv biinn **ouéé**tinng fë ë lonng taïmm

CONVERSATION

C'est froid.
It's cold.
its kòldd

Spécialités et plats traditionnels

Le paysage gastronomique anglais est caractérisé à la fois par une grande variété régionale mais aussi une affligeante homogénéité due à une prolifération de chaînes de restauration rapide. Les traditions culinaires étrangères, notamment du sous-continent indien (Inde, Bangladesh, Pakistan), ont pris racine depuis très longtemps. Mais en même temps, de jeunes chefs aventureux sont en train de réinventer la cuisine britannique traditionnelle. Bref, vous êtes sûr de faire des découvertes, parfois déroutantes, comme le **spotted dick and custard**, une sorte de pudding aux raisins secs et fruits mélangés avec du suif, cuit à l'étouffée et arrosé de **custard**, crème anglaise, et de déguster des produits d'une qualité remarquable (viandes, poissons, fruits de mer, fruits, etc.). Enfin, il faut goûter au plat emblématique, le **fish and chips**, du poisson pané servi avec des frites, traditionnellement assaisonné avec du vinaigre de malt et emballé dans du papier journal pour l'emporter et le manger en se promenant. Un régal !

Quelles sont les spécialités locales ?
What are the local specialities?
*ouòtt aar DHë **loo**kël sp**è**chëltiiz*

Voici un bref aperçu des spécialités nationales et régionales :

Bangers and mash *[banggëz annd mach]* : saucisses frites, servies avec de la purée de pomme de terre ;

Bubble and squeak [beubël annd skwiik] : mélange de pommes de terre et de choux (généralement des restes) revenu à la poêle avec de l'oignon ;
Cornish pasty [kornich pastii] : petite tourte de viande hachée ;
Faggot [fagët] : boulette de viande de porc et de foie hachés ;
Jellied eels [djeliid iilz] : anguilles en gelée ;
Pork pie [pork païe] : petite tourte à la viande de porc. Les meilleures proviennent de la ville de Melton Mowbray dans le Nord-Est de l'Angleterre ;
Shepherd's pie / Cottage pie [chèpëdz païe / kotidj païe] : hachis Parmentier préparé avec de l'agneau (**a shepherd**, *un berger*) ou du bœuf haché ;
Steak and kidney pie/pudding [stéék annd kidnii païe/poudinng] : tourte ou pudding farci à la viande de bœuf et aux rognons ;
Yorkshire pudding [iorkchë poudinng] : pâte à crêpe, cuite au four et servie traditionnellement avec du **roast beef** (*rôti de bœuf*).

Desserts

Bakewell tart [bééKouèl taat] : tartelette à la confiture et à la poudre d'amandes ;
Fool [foul] : mousse aux fruits à la crème (les fruits sont foulés – d'où le nom – à la louche) ;
Lardy cake [laadi kéék] : gâteau fait à partir de pâte à pain, saindoux et raisins secs ;
Mince pie [mints païe] : petite tourte aux fruits confits, traditionnellement servie à Noël ;
Scone [skoonn] : petit pain au lait, servi avec de la confiture et de la crème pour le **afternoon tea** ;
Trifle [traïfël] : mélange de crème pâtissière, de fruits, de génoise, de crème et de gélatine. On ajoute souvent un trait de xérès doux : c'est le fameux **sherry trifle**.

Fromages

À part le **Cheddar** (pâte cuite) et le **Stilton** (pâte persillée), les fromages britanniques sont assez peu connus au-delà des frontières. Et pourtant… Faites-vous plaisir en découvrant le **Caerphilly** (pâte dure et blanche, originaire du pays de Galles), le **Wensleydale** (au goût de miel), le **Double Gloucester** (fabriqué à partir de lait issu de deux traites, d'où le nom) ou encore le redoutable **Stinking Bishop** ("l'évêque malodorant", fromage de caractère, dont la croûte est lavée avec du poiré). Bref, le plateau de fromages d'Outre-manche recèle des trésors insoupçonnés !

Vocabulaire des mets, aliments et condiments

Le poisson / les crustacés, Fish/shellfish [fich/chèlfich]

l'anguille	eel	iil
le bar	(sea) bass	(sii) bass
le cabillaud	cod	kod
le carrelet	plaice	pléés
la crevette la crevette rose / le bouquet	shrimp prawn	chrimp prorn
la daurade	sea bream	(sii) brim
le homard	lobster	**lob**stë
l'huître	oyster	**oï**stë
la langouste	crawfish	**kror**fich
la langoustine	Dublin Bay prawn	**deub**linn béé prorn
le maquereau	mackerel	**mak**rël
la sardine	sardine	saa**diin**
le saumon	salmon	**sa**mën
la sole	sole	sool
le thon	tuna	**tiou**në

la truite	**trout**	*traout*
le turbot	**turbot**	***teu**bët*

La viande, Meat *[miit]*

l'agneau	**lamb**	*lamm*
le bœuf	**beef**	*biif*
le mouton	**mutton**	***meu**tën*
le porc	**pork**	*pork*
le veau	**veal**	*viil*

La volaille / le gibier, Poultry/game *[**pol**tri/**géé**mm]*

le canard	**duck**	*deuk*
le chevreuil	**venison**	***vè**nnisën*
la dinde	**turkey**	***teu**ki*
le lapin	**rabbit**	***ra**bit*
le lièvre	**hare**	*héér*
l'oie	**goose**	*gous*
la perdrix	**partridge**	***paa**tridj*
la pintade	**guinea fowl**	***gi**nii faoul*

La charcuterie, Prepared meats *[prë**péé**d miits]*

le jambon	**ham**	*Hamm*
le pâté	**paté**	***pa**téé*
les saucisses	**sausages**	***so**sëdjëz*

Il n'y a pas de traduction précise pour *la charcuterie*. Outre **prepared meats**, et selon l'endroit, on trouve aussi **cold cuts** ("les coupures froides"), **lunch meats** ("viandes pour le déjeuner"), **deli meats** (**deli** étant une apocope de **delicatessen**, voir p. 130), etc.

CONVERSATION

Les légumes, Vegetables *[vedjtëbëlz]*

l'artichaut	artichoke	**aa**tëtchook
l'asperge	asparagus	ë**spa**rëgeus
l'aubergine	aubergine	**oo**bëjin
l'avocat	avocado	avë**kaa**do
la betterave	beetroot	**bii**trout
la carotte	carrot	**ka**rët
le céleri	celery	**sè**lëri
les champignons	mushrooms	**meuch**roumz
le chou	cabbage	**ka**bidj
le concombre	cucumber	**kiou**keumbë
la courgette	courgette	cour**jèt**
l'endive	chicory	**tchi**këri
les épinards	spinach	**spi**nnitch
les haricots	beans	biinnz
la laitue	lettuce	**lè**tës
les lentilles	lentils	**lènn**tëlz
le maïs	corn	korn
l'oignon	onion	**eunn**ieunn
les petit pois	peas	piiz
le poireau	leek	liik
le poivron	(bell) pepper	(bèl) **pè**pë
la pomme de terre	potato	pë**téé**too
la salade	salad	**sa**lëd
la tomate	tomato	të**maa**too

Les fruits, Fruit *[frout]*

l'abricot	apricot	**éé**prëkot
l'ananas	pineapple	**paï**napël
la (les) cerise(s)	cherry/-ies	**tche**ri/-z

la banane	banana	bënaanë
le citron	lemon	lèmënn
la (les) fraise(s)	strawberry/-ies	**stror**bëri/-z
la (les) framboise(s)	raspberry/-ies	**raaz**bëri/-z
la (les) mûre(s)	blackberry/-ies	**blak**bëri/-z
l'orange	orange	orindj
le pamplemousse	grapefruit	gréépfrout
la poire	pear	peer
la pomme	apple	**à**pël
la prune	plum	pleumm
le pruneau	prune	prounn
le raisin	grape	gréép

Notez que **nut** est le terme générique pour toutes les *noix*.

Desserts, etc., Desserts, etc. *[dizeuts ètsètrë]*

le chocolat	chocolate	**tchok**lët
la crème glacée	ice cream	**aï**skriim
le gâteau	cake	kéék
la tarte	tart	taat

Les condiments, Condiments *[konndimënts]*

le cornichon	gherkin	**geu**kin
l'huile ~ d'olive	oil olive ~	oïll **o**liv ~
la moutarde	mustard	**meus**tëd
le poivre	pepper	**pè**pë
le sel	salt	solt
le vinaigre	vinegar	**vi**nnëgë

Les Britanniques adorent les condiments vinaigrés. Le terme générique est **pickled** (**pickled onion**, etc.). Le **pickle** est un mélange de légumes macérés dans du vinaigre, souvent servi pour accompagner le fromage. Le **piccalilli** emploie la moutarde plutôt que le vinaigre comme conservateur.

La restauration rapide

Nous ne parlerons pas ici de hamburger ou autre hot dog car les termes sont identiques en anglais et en français ! En revanche, si vous avez envie d'un en-cas typique, **a snack**, vous n'aurez que l'embarras du choix. Le pub est un bon endroit pour commencer votre exploration, surtout s'il affiche **"Pub Grub"** ("la bouffe de pub"). Au-delà de l'omniprésent **ploughman's lunch** ("déjeuner du laboureur", une assiette de fromages, salade, pain et **pickles**), vous trouverez :

Buffalo wings *[beufëloo ouinngz]* : ailes de poulet frites ;
Chips *[tchips]* : des frites ;
Crisps *[krisps]* : des chips ;
Jacket potato *[djakët pëtééto]* : pomme de terre au four (litt. "dans sa veste") ;
Pork scratchings *[pork skratchinngs]* : sorte de grattons ;
Scampi and chips *[skammpi annd tchips]* : petites langoustines pannées, servies avec des frites ;
Scotch egg *[skotch èg]* : œuf dur enrobé de chair à saucisse ;
Steak and ale pie *[stéék annd éél paï]* : tourte à la viande de bœuf cuite dans de la bière brune ;
Welsh rabbit (ou **rarebit**) *[ouèlch rabit (réérbit)]* : sorte de croque-monsieur.

Façons de préparer

à point	**medium**	*mii*dium
bien cuit	**well done**	ouèl deunn
saignant	**rare**	réér

aigre-doux	**sweet and sour**	souiit annd **sao**ë
bouilli	**boiled**	boïld
épicé	**spicy/hot**	**spaï**si/Hot
frit	**fried**	fraïd
fumé	**smoked**	smookt
gratiné	**au gratin**	au gratin
grillé	**grilled**	grild
ragoût (en ~)	**stewed**	stioud
rôti	**roast**	roost
vapeur (à la ~)	**steamed**	stiimd

Boissons alcoolisées et étiquette au pub

Avec le thé, la bière est la boisson nationale. Cependant, la consommation de vin monte en flèche depuis quelques années, et la production viticole anglaise – notamment des vins blancs pétillants – commence à acquérir ses lettres de noblesse.

Lorsqu'on commande une bière au pub, on précise la quantité **a pint** (*une pinte*, 0,56 litres) ou **a half-pint** (plus couramment **a half**) ainsi que le type (blonde, brune, etc.) souhaité. Beaucoup de pubs servent de la **real ale** (ou **cask ale**), de la bière brassée "à l'ancienne" sans conservateurs ou autre adjuvants, etc. Toutes les bières, à l'exception des blondes (**lagers**) sont servies à température ambiante.

Vous pouvez aussi commander **a shandy** *[channdi]*, une bière panachée avec de la limonade.

Notons qu'il n'y a pas de service à table : on commande toujours au bar, en réglant ses consommations tout de suite. On ne laisse pas de pourboire mais, si le serveur est sympathique, vous pouvez l'inviter à prendre un verre : **And one for yourself.**

Petit aperçu des bières

Bitter *[bitë]* : littéralement "amer" : bière ambrée au goût de houblon, peu gazeuse ;
Lager *[laagë]* : bière blonde ;
Mild *[maïld]* : plus douce et moins houblonnée que la **bitter** ;
Pale ale *[péél éél]* : bière rousse à haute fermentation ;
Stout *[staout]* : bière brune.

Vous pouvez commander votre bière **draught** *[draaft]* (*à la pression*) – c'est le cas de la **bitter** – ou **bottled** *[bottëld]* (*en bouteille*).

J'aimerais une demi-pinte de bitter et une demi-pinte de panaché s'il vous plaît.
I would like a half of bitter and a half of shandy, please.
*aï ououd laïk ë Harf ëv **bi**të annd ë Harf ëv **chann**di pliiz*

Puis-je avoir deux pintes de bière blonde et un paquet de chips ?
Can I have two pints of lager and a packet of crisps?
*kann aï Hàvv tou païnts ëv **laa**gë annd ë **pa**kët ëv krisps*

Que voudriez-vous boire ?
What would you like to drink?
ouòtt ououd iou laïk tou drinnk

Combien vous dois-je ?
How much is that?
Hao meutch iz DHat
(combien est cela?)

Santé !
Cheers!
tchiïëz
(acclamations)

Dernière commandes mesdames et messieurs !
Last orders, ladies and gentlemen!
*laast **or**dëz **lée**diz annd **djènn**tëlmën*
(Phrase criée par le propriétaire du pub une quinzaine de minutes avant la fermeture.)

Autres boissons

le cidre	cider	**saï**dë
le cognac	brandy	**brann**di
l'eau minérale ~ *gazeuse* ~ *plate*	mineral water fizzy/sparkling ~ still ~	minnërël **ouor**të fizi/**spaa**klinng ~ stil ~
le gin	gin	djinn
un jus de fruits	a fruit juice	ë frout djous
la limonade	lemonade	**lè**mënééd
le vin… ~ *blanc* ~ *rosé* ~ *rouge* ~ *doux* ~ *sec*	wine white ~ rosé red ~ sweet ~ dry ~	ouaïn ouaït ~ **roo**zé rèd ~ souiit ~ draï ~
la vodka	vodka	**vod**kë
le whisky	whisky	**ouis**ki

Certains pubs servent du café et/ou du thé, notamment s'ils possèdent une salle de restaurant, mais ce n'est pas systématique.

On se dirigera alors vers l'un de ces **coffee shops** ou **coffee bars**, souvent appartenant à des chaînes nationales ou internationales, qui font désormais partie du paysage urbain, ou encore vers **a café**.

↗ Achats et souvenirs

Magasins et services

En règle générale, les magasins sont ouverts du lundi au samedi de 9 h à 17/18 h, sans interruption dans les grandes villes, et avec parfois une fermeture d'une heure pour le déjeuner en province. Les banques, elles, ouvrent de 9 h 30 à 17 h du lundi au vendredi (certaines sont ouvertes le samedi matin en ville). Dans les métropoles et les villes de moyenne importance on trouve des **convenience stores** (*magasins de proximité/supérettes*), appelés aussi **corner shop** ("magasins du coin"), dont les heures d'ouvertures sont très étendues.

Lorsque le terme n'est pas formé avec **shop**, on ajoute couramment le **-'s** possessif, pour signifier "le magasin du..." (ex. **a stationer's**, **a butcher's**).

une agence de voyages	a travel agent/agency	ë tra**vël éé**djënt/ éédjënsi
une banque	a bank	ë **bannk**
une boucherie	a butcher	ë **bout**chë
une boulangerie	a bakery	ë **béé**këri
un centre commercial	a shopping centre a shopping mall	ë **chop**pinng **sènn**të ë **chop**pinng morll
un coiffeur	a hairdresser	ë **Hair**dresë
une épicerie ~ fine/traiteur	a grocer a delicatessen	ë **groo**së ë dèli**kë**tèsen
un hypermarché	a hypermarket a superstore	ë **Haï**pëmaarkët ë **sou**pëstor

un supermarché	a supermarket	ë **sou**pëmaaket
un grand magasin	a department store	ë dë**paat**mënt stor
une laverie automatique	a launderette	ë **lorn**drèt
une librairie	a book shop/bookshop	ë bouk chop/**bouk**chop
un magasin de chaussures	a shoe shop	ë chou chop
un magasin de vêtements	a clothes shop	ë **kloodz** chop
un magasin de vins et spiritueux	an off-licence	ënn **off-laï**sënnts
un marchand de primeurs	a greengrocer	ë **griin**-groosë
un marché	a market	ë **maa**kèt
une papeterie	a stationer	ë **stéé**chënë
une pharmacie	a chemist/pharmacist	ë **kèmmist**/**faamë**sist
un pressing, une teinturerie	a dry cleaner	ë draï **klii**në

Un phénomène courant dans les rues commerçantes en Grande-Bretagne est le **charity shop**. Il s'agit d'un magasin qui vend des articles d'occasion au profit d'une organisation caritative comme "**Oxfam**" ou "**Save the Children**".

Avez-vous quelque chose de… ?	Do you have anything…?	dou iou Hàvv ènniTHinng
couleur différente	in a different colour	inn ë **diffrènt keu**lë
meilleur marché	cheaper	**tchii**pë
plus grand	bigger	**bi**gë
plus petit	smaller	**smor**lë

Je ne fais que regarder.
I'm just looking.
aïm djeust **lou**kinng

Combien coûte ceci ?
How much is this?
Hao meutch iz DHis

Ce n'est pas ce que je recherche.
It is not what I am looking for.
it iz nott ouòtt aï amm **lou**kinng for

Non merci, ce sera tout.
No thank you. That will be all.
noo THannk iou DHat ouil bii orl

Je vais réfléchir.
I will think about it.
aï ouil THink ëbaout it

Nous le prenons.
We will take it.
ouii ouil téék it

Pouvez-vous faire un paquet cadeau ?
Can you gift-wrap it?
kann iou gift rap it
(pouvez vous cadeau emballer le)

Puis-je payer par carte de crédit ?
Can I pay by credit card?
kann aï péé baï **krè**dit kaad

Livres, revues, journaux

Avez-vous des journaux en langue française ?
Do you have any French-language newspapers?
dou iou Hàvv ènni frèntch **lann**gouidj **niouss**péépëz

Je voudrais...	I would like...	aï ououd laïk
un cahier.	a notebook.	ë **noot**bouk
une carte postale.	a postcard.	ë **poost**kaad
une carte routière.	a roadmap.	ë **rood**mapp
un crayon.	a pencil.	ë **pènn**sël

un dictionnaire de poche.	a pocket dictionary.	ë **pokët dik**chënri
un guide touristique.	a guidebook.	ë **gaïd**bouk
un plan de la ville.	a street plan / a city map.	ë striit plan / ë **si**ti map
des post-it.	sticky notes.	**sti**ki noots
un stylo à bille.	a ballpoint (pen).	ë **borl**poïnt (penn)

Si vous allez à Londres, procurez-vous le **A-to-Z** *[éé tou zèd]*, l'indispensable atlas des rues de la capitale.

Pressing

En voyage, vous n'avez certainement pas envie de faire la lessive !

Je cherche un pressing / une laverie automatique.
I am looking for a dry cleaner/launderette.
*aï amm **lou**kinng for ë draï **klii**nnë/**lorn**drèt*

Pouvez-vous...	Can you...	kann iou
laver	**wash**	ouoch
repasser	**iron**	**aï**-ënn
nettoyer à sec	**dry clean**	draï kliin
... ceci s'il vous plaît ?	... **this, please?**	DHis pliiz

Quand sera-t-il prêt ?
When will it be ready?
*ouènn ouil it bii **rè**di*

Pouvez-vous enlever ces taches ?
Can you remove these stains?
*kann iou ri**mouv** DHiiz stéénz*

Vêtements et chaussures

Les tailles anglaises ne sont pas les mêmes qu'en France. Voici un petit aperçu des différences :

Vêtements femme

France	34	36	38	40	42	44	46	48	50	52
UK	6	8	10	12	14	16	18	20	22	24

Pointures de chaussures – femme

France	37	38	39½	40½	42
UK	4	5	6	7	8

Pointures de chaussures – homme

France	39½	40½	42	43	44½	46	47	49	50
UK	6	7	8	9	10	11	12	13	14

Notez que le mot **size** traduit à la fois la *taille* et la *pointure*.

J'aimerais quelque chose dans ce genre, s'il vous plaît.
I want something like this, please.
aï ouònnt **seum**THinng laïk DHis pliiz

Quelle taille faites-vous ?
What is your size?
ouòtt iz ior saïz

Je fais un 38.
I take a size ten.
aï téék ë saïz tènn
(je prends une taille 10)

Puis-je l'essayer ?
Can I try it on?
kann aï traï it ònn

Où est la cabine d'essayage ?
Where is the fitting room?
ouèr iz DHë **fi**tinng roum

J'ai besoin d'une taille au-dessus/en dessous.
I need a size larger/smaller.
*aï niid ë saïz **laa**djë/**smor**lë*

Est-ce que ça me va ?
Does it suit me?
deuz it sout mii

Vêtements

une ceinture	a belt	ë belt
un chapeau	a hat	ë Hatt
des chaussettes	socks / a pair of socks	sokss / ë pair ëv sokss
une chemise	a shirt	ë cheutt
un collant	tights	taïts
un costume	a suit	ë sout
une cravate	a tie	ë taï
une culotte/un slip	a pair of panties/underpants	ë péér ëv **pann**tiz/**eun**dëpannts
un imperméable	a raincoat	ë **réén**koot
un jean	a pair of jeans	ë péér ëv djiinz
une jupe	a skirt	ë skeutt
la lingerie	underwear (général) lingerie (fine)	**eun**dëouair **léén**jerii
un maillot de bain	a bathing costume	ë **bééDH**inng **kos**tioum
un manteau	a coat	ë koot
un pantalon	a pair of trousers	ë péér ëv **traou**zëz
un pull	a sweater	ë **souè**të
un pyjama	a pair of pyjamas	ë péér ëv pë**djaa**mëz
une robe	a dress	ë dress
un short	a pair of shorts	ë péér ëv chorts
un soutien-gorge	a bra (apocope de brassiere)	ë braa/brë**zii**ë
un sweat	a sweatshirt	ë **souètt**cheutt

Vous remarquerez que pour parler d'un vêtement "à deux jambes" (un short, un jean, etc.), l'anglais emploie un mot pluriel précédé de **a pair of** (*une paire de*)...

Je cherche un jean.
I am looking for a pair of jeans.
aï amm **lou**kinng for ë péér ëv djiinz

Chaussures

les baskets/tennis	trainers	**tréé**nëz
les bottes	boots	bouts
les chaussons	slippers	**slip**ëz
les chaussures	shoes	chouz
les sandales	sandals	**sann**dëlz
les tongs	flip-flops	flipp-flopps

J'aimerais essayer cette paire de baskets.
I would like to try on this pair of trainers.
aï ououd laïk tou traï ònn DHis për ëv **tréé**nëz

Elles sont un peu trop grandes/petites.
They are a bit too big/small.
DHéé aar ë bitt tou big/smorl

Avez-vous la pointure au-dessus/en dessous ?
Do you have the next size up/down?
dou iou Hàvv DHë nèkst saïz eup/daounn
(avez vous la prochaine taille en haut/en bas)

Quelle couleur désirez-vous ?
What colour would you like?
ouòtt **keu**lë ououd iou laïk

Les couleurs

beige	**beige**	*bééj*
blanc	**white**	*ouäit*
bleu	**blue**	*blou*
~ marine	**navy blue**	***néé**vi blou*
clair/foncé	**light/dark**	*laït/daak*
jaune	**yellow**	***iè**loo*
marron	**brown**	*braounn*
noir	**black**	*blak*
rose	**pink**	*pinnk*
rouge	**red**	*rèd*
vert	**green**	*griin*

Tabac

Vous pouvez acheter des cigarettes, du tabac, etc. chez un marchand spécialisé, **a tobacconist**, mais aussi – et plus couramment – chez *un marchand de journaux* (**a newsagent**) dans *un supermarché* (**a supermarket**) ou encore chez *un marchand de vins et de spiritueux* (**an off-licence**). Il est interdit de fumer dans la plupart des espaces publics en Grande-Bretagne ; les distributeurs automatiques de cigarettes sont interdits en Angleterre depuis 2011 et au pays de Galles depuis 2012.

une allumette	**a match**	*ë match*
un briquet	**a lighter**	*ë **laït**ë*
un cendrier	**an ashtray**	*ënn **ach**tréé*
un cigare	**a cigar**	*ë si**gaa***
une cigarette	**a cigarette**	*ë sigë**rèt***
avec/sans filtre	**filter-tipped/untipped**	***filt**ë tipt/eunn**tipt***
un paquet	**a packet**	*ë **pa**kit*

Peut-on fumer ici ?
Is smoking allowed here?
iz smookinng ëlaoud Hii-ë
(est fumer permis ici)

Cela vous dérange si je fume ?
Do you mind if I smoke?
dou iou maïnd if aï smook

Avez-vous du feu ?
Do you have a light?
dou iou Hàvv ë laït

INTERDICTION DE FUMER
NO SMOKING

Photo

Bien que la plupart des touristes que nous sommes utilisent un appareil numérique ou un Smartphone pour prendre des photos, il y a encore des amateurs de l'argentique et des tirages sur papier. Voici donc un peu de vocabulaire :

un agrandissement	an enlargement	ënn ën**laadj**mënt
un appareil photo	a camera	ë **kamm**rë
~ numérique	a digital ~	ë **di**djitël ~
brillant/mat	glossy/matte	**glo**ssi/matt
un câble de transfert	a transfer cable	ë **trannsf**eu **kéé**bël
une caméra	a cine camera	ë **si**ni **kamm**rë
une carte mémoire	a memory card	ë **mèm**ri kaad
un film	a film	ë film
un flash	a flash	ë flach
un négatif	a negative	ë **nè**gëtif
une photo	a photo	ë **foo**too
une pile	a battery	ë **batt**ri
un tirage	a print	ë prinnt

Où puis-je faire développer mes photos ?
Where can I get my photos developed?
ouèr kann aï gett maï **foo**tooz dë**vè**lëpt

Pouvez-vous faire un tirage de ces photos aujourd'hui ?
Can you print these photos today?
kann iou prinnt DHiiz **foo**tooz të**déé**

Je voudrais agrandir celle-ci.
I would like to enlarge this one.
aï ououd laïk to ën**laadj** DHis ouann

Combien de temps vous faut-il ?
How long will it take?
Hao lonng ouil it téék

Provisions

Si, dans un supermarché ou un grand magasin, vous ne trouvez pas le rayon recherché, voici quelques phrases pour vous aider à vous orienter.

Excusez-moi, où se trouve le rayon… ?
Excuse me, where is the… section (supermarché)/**department** (grand magasin)**?**
eks**kiouz** mii ouèr iz DHë… **sèk**chën/dë**paat**mënt

Je cherche un chariot/panier.
I am looking for a shopping trolley/basket.
aï amm **lou**kinng for ë **cho**pinng **tro**li/**baas**kët

CONVERSATION

Pouvez-vous me dire où se trouvent les caisses ?
Can you tell me where the checkouts are?
kann iou tèl mii ouèr DHë **tchèka**outts aar

Là-bas. / Par ici.
Over there/here.
oo-vë DH**èr**/**Hii**-ë

Accessoires et divers produits de toilette

une brosse	a brush	ë breuch
une brosse à dents	a toothbrush	ë **touTH**breuch
les ciseaux à ongles	nail scissors	néél sizëz
le coton	cotton wool	kotën ououl
la crème pour les mains / le visage	hand/face cream	hannd/fees kriim
la crème/mousse à raser	shaving cream/foam	**chéé**vinng kriim/foomm
la crème solaire	sun cream	seun kriim
le dentifrice	toothpaste	**touTH**péést
le fard à paupières	eyeshadow	aïchadoo
le lait démaquillant	cleansing milk	**klèn**zinng milk
une lame de rasoir	a razor blade	ë **réé**zë blééd
une lime à ongles	a nail file	ë néél fail
une lotion après rasage	aftershave	**aaft**ërchéév
un mouchoir en papier	a tissue	ë **ti**chiou
le papier hygiénique	toilet paper	**toï**lëtt **péé**pë
un peigne	a comb	ë koomm
le savon	soap	soop
une serviette hygiénique/un tampon	a sanitary towel/tampon	ë **sann**itri taoull/**tamm**ponn
le shampooing	shampoo	chamm**pou**

Produits d'entretien

les allumettes	matches	matchëz
un balai	a broom	ë broum
une brosse	a brush	ë breuch
un décapsuleur	a bottle opener	ë **bo**tël **oo**pënnë
une éponge	a sponge	ë speundj
le film alimentaire	cling film	klinng film
la lessive	washing powder	**ouo**chinng **pao**udë
le liquide vaisselle	washing-up liquid	**ouo**chinng eup **lik**ouid
un ouvre-boîte	a tin opener	ë tinn **oo**pënnë
le papier d'aluminium	tin foil / aluminium foil	tinn foil / a**lou**mi**ni**umm foil
une serviette en papier	a paper napkin	ë **pée**pë **nap**kin
un tire-bouchon	a corkscrew	ë **kork**skrou

Souvenirs, cadeaux

Que ramener de votre voyage ? Le choix est vaste, mais voici quelques idées qui feront plaisir à coup sûr. Choisissez vous-même le slogan (**I ♡ LONDON**, par exemple) ou le visage qui l'ornera !

un dessous de verre	a coaster	ë **koo**stë
un aimant à mettre sur le frigo	a fridge magnet	ë fridj **mag**net
un porte-clés	a key ring	ë kii rinng
une tirelire	a money box	ë **meun**nii boks
une boîte à thé	a tea caddy	ë tii **ka**di
une théière	a tea pot	ë tii pott
un sac fourre-tout	a tote bag	ë toot bag

Dans le rayon alimentaire, outre le thé, la confiture d'oranges amères (**marmalade**) ou encore le **Marmite**® (voir p. 115, pas apprécié de tout le monde...), pensez au **shortbread**, ces délicieux petits sablés écossais, ou encore le très traditionnel **Gentleman's Relish**, une pâte à base d'anchois, de beurre et d'épices.

Je cherche un cadeau pour mon/ma/mes...
I am looking for a gift for my... (voir p. 64-65, Famille)
aï amm **lou**kinng for ë gift for maï

Je ne veux pas dépenser plus de...
I don't want to spend more than...
aï doont ouònnt tou spènd moor Than

↗ Rendez-vous professionnels

Fixer un rendez-vous

C'est de la part de qui ?
May I ask who's calling?
méé aï aask Houz **kor**linng
(puis-je demande qui est appelant)

Parlez-vous français ?
Do you speak French?
dou iou spiik frèntch

Puis-je parler à M./Mme... ?
Can I speak to Mr/Mrs/Ms...?
kann aï spiik tou **mis**të/**mi**sëz/mëz

J'aimerais prendre rendez-vous avec...
I would like to make an appointment with...
aï ououd laïk tou mék ënn ë**poïnt**mënt ouiiv

Quand sera-t-il/elle libre ?
When will he/she be free?
ouènn ouil Hii/chii bii frii

Puis-je laisser un message ?
Can I leave a message?
*kann aï liiv ë **mè**ssëdj*

Voici mon numéro de portable/fixe.
Here is my mobile/landline number.
***Hii**-ë iz maï **moo**baïl/**lannd**laïnn **neum**bë*

Visiter l'entreprise

J'ai rendez-vous avec M./Mme…
I have an appointment with Mr/Mrs/Ms…
*aï Hàvv ënn ë**point**mënt ouiTH **mis**të/**mis**ëz/mëz*

Voulez-vous lui dire que M./Mme… est arrivé(e) ?
Could you tell him/her that Mr/Mrs/Ms… has arrived?
*koud iou tèl Him/Heur DHat **mis**të/**mis**ëz/mëz … Hazz ë**raï**vd*

Puis-je utiliser votre téléphone ?
May I use your phone?
méé aï iouz ior foonn

Avez-vous une connexion wifi ?
Do you have a wifi connection?
*dou iou Hàvv ë ouaï-faï kë**nèk**chën*

Je dois envoyer un fax/e-mail.
I need to send a fax / an email.
*aï niid tou sènd ë faks / ënn **ii**mél*

Merci de m'avoir consacré du temps.
Thank you for your time.
THannk iou for ior taïmm

CONVERSATION

Je reviendrai vers vous rapidement.
I will get back to you shortly.
*aï ouil gett bak tou iou **chort**li*

Vocabulaire de l'entreprise

une entreprise, société	a company	ë **keum**pënii
Le service...	The ... department	DHë ... dë**paat**mënt
commercial	marketing/sales	**maa**këtinng/**séé**lz
communication financière	investor relations	inn**ves**të ri**léé**chënz
comptabilité	accounting	ë**kaoun**tinng
informatique	IT	aï-tii
ressources humaines	human resources / personnel	**Hiou**mën **rii**sorsiz/ peusë**nèl**

Le personnel

le président	the chairman	DHë **tchèr**mën
le directeur financier	the Chief Financial Officer (CFO)	DHë tchiif faï**nan**chël **o**fisë (sii-ef-oo)
le directeur général	the Chief Executive Officer (CEO)	DHë tchiif eg**zèk**ioutif **o**fissë (sii-ii-oo)
directeur	director/manager	daï**rèk**të/**man**nëdjë
chef de service	head of department	Hèd ëv dë**paat**mënt
employé/collaborateur	employee	em**ploï**-ii

Bien entendu, chaque société a son vocabulaire propre, qu'il s'agisse de son organisation interne (le service commercial peut s'intituler **the Sales Department**, **the Business Development Department**, etc.), ses cadres (*le directeur général*, **the Managing Director**, **the Chief Executive**, etc.) ou encore le choix de terminologie comptable et financière. Si vous démarchez un prospect, il est toujours préférable de vous renseigner à l'avance en lisant sa documentation.

Équipement et matériel de bureau

un bureau	a desk (meuble)	ë dèsk
	an office (pièce)	ënn ofiss
un classeur	a file (dossier)	ë faïl
	a filing cabinet (meuble)	ë faïlinng kabinèt
un fax	a fax (document)	ë faks
	a fax machine (appareil)	ë faks mëchiinn
un photocopieur	a photocopier	ë footookopië
un portable	a mobile (téléphone)	ë moobaïl
	a laptop (ordinateur)	ë laptop
un poste de travail	a workstation	ë oueurkstéchën

Informatique

Voici quelques termes courants :

une adresse e-mail	an email address	ënn iimél ëdrèss
l'arobase	at	att
une boîte mail	an inbox	ënn innboks
un clavier	a keyboard	ë kiibord
une clé USB	a flash drive / memory stick	ë flach draïv / mèmri stik
un écran	a screen	ë skriin
un fichier	a file	ë faïl
un identifiant	a user ID	ë iouzë aïdii
une imprimante	a printer	ë prinntë
un logiciel	a program	ë proogramm
les logiciels (en général)	software	softouèr
un mot de passe	a password	ë passouérd
un ordinateur	a computer	ë këmpioutë
le point	dot	dott
un site Internet	a website	ë ouèbsaït
une souris	a mouse	ë maouss

CONVERSATION

une tablette	a tablet	ë **tabl**ët
télécharger	to download	tou **daoun**lood
le tiret "du 6" (-)	dash/hyphen	dach/**Haï**fën
le tiret "du 8" (_)	underscore	**eun**dëskor

Mon adresse e-mail est tim-winton@zmail.com.
My email address is tim dash winton at zmail dot com.
*maï **ii**méél ëd**rèss** iz timm dach **ouinn**tënn att **zèd**méél dott komm*

Salons et expositions

Je suis venu pour le/la…
I am here for…
*aï amm **Hii**-ë for*

Où est l'entrée des visiteurs ? *Où dois-je m'enregistrer ?*
Where is the visitors' entrance? **Where do I register?**
*ouèr iz DHë **vi**zitëz ènntrènts* *ouèr dou aï **re**djistë*

une assemblée générale	a general meeting	ë **djèn**rël **mii**tinng
une conférence	a conference (colloque)	ë **konn**frenns
	a lecture (exposé)	ë **lèk**tchë
un congrès	a conference	ë **konn**frenns
une exposition	an exhibition	ënn eksi**bi**chën
une foire	a fair	ë fèr
un hall (d'expositions)	a hall /	ë Horl /
	an exhibition hall	ënn eksi**bi**chën Horl
une réunion	a meeting	ë **mii**tinng
un salon	an exhibition / a show	ënn eksi**bi**chën / ë choo
~ automobile	a motor show	ë **moo**të choo
un stand	a stand / a booth	ë stènd / ë bouTH

↗ Santé

Chez le médecin et aux urgences

Le système public d'assurance maladie, dont dépendent les médecins et les hôpitaux, est géré par le **National Health System**, connu sous le vocable **NHS** [enn étch ess].
Un cabinet médical s'appelle couramment **a surgery**, qui signifie littéralement *une chirurgie*. Dans la plupart des cas, il s'agit d'un ensemble de médecins généralistes (**GP = general practitioner**) travaillant au sein d'un **health centre** ou d'une **clinic**.

Je dois consulter un médecin.
I need to see a doctor.
aï niid tou sii ë **dok**të

Quels sont les heures de consultation ?
What are the surgery hours?
ouòtt aar DHê **seur**djërii **aou**-ëz

Y a-t-il un médecin qui parle français ?
Is there a doctor who speaks French?
iz DHèr ë **dok**të Hou spiiks frèntch

Je suis diabétique/enceinte.
I am diabetic/pregnant.
aï amm daï-ë**bè**tik/**prèg**nënnt

Mon mari / ma femme est cardiaque.
My husband/wife has a heart condition.
maï **heuz**bënd/ouaïf Hazz ë haat kën**di**chën
(mon/ma mari/femme a une cœur condition)

Je suis malade depuis ... jours.
I have been ill for ... days.
aï Hàvv biinn il for ... déez
(j'ai été malade pour ... jours)

En cas d'urgence

Appelez un médecin/une ambulance vite !
Call a doctor / an ambulance quickly!
*korl ë **dok**të / ënn **amm**bioulënts **kouik**li*

Il faut que j'aille aux urgences.
I need to go to the Accident and Emergency department.
*aï niid tou goo tou DHë **ak**ssidënt annd i**mmeu**djënntsii dë**paat**mënnt*
(j'ai besoin d'aller au département des accidents et urgences)

Où est l'hôpital le plus proche ?
Where is the nearest hospital?
*ouèr iz DHë **niir**ëst **Hoss**pitël*

Je suis blessé(e).
I am injured.
*aï amm **innd**jëd*

Symptômes

J'ai envie de vomir.
I think I am going to vomit.
*aï THinnk aï amm **goo**inng tou **vo**mmët*

Je suis constipé(e).
I am constipated.
*aï amm **konn**stipéétëd*

Je saigne.
I'm bleeding.
*aïm **blii**dinng*

Je tousse beaucoup.
I am coughing a lot.
*aï amm **ko**ffinng ë lott*

J'ai...	I have...	aï Hàvv
de l'asthme.	asthma.	**ass**më
des crampes.	cramps.	krammps

la diarrhée.	diarrhoea.	daï-ë**riië**
des étourdissements.	dizzy spells.	**di**zii spèlz
de la fièvre.	a high temperature.	ë Haï **tèmm**prëtchë
de l'hypertension.	high blood pressure.	Haï bleud **prè**chë
une insolation.	sunstroke.	**seun**strook
une intoxication alimentaire.	food poisoning.	foud **poïz**ëninng
le rhume des foins.	hay fever.	Héé **fii**vë

Douleurs et parties du corps

Douleurs

J'ai….	I have…	aï Hàvv
mal au dos.	backache.	**bak**éék
mal à l'estomac.	a stomach ache.	ë **steum**ëk éék
mal à la gorge.	a sore throat.	ë sor THroot
mal aux oreilles.	an ear ache.	ënn **ii**-ë éék
mal à la tête.	a headache.	ë **hèd**éék

Parties du corps

la bouche	mouth	maouTH
le bras	arm	aam
la cheville	ankle	**ann**kël
le cœur	heart	Haat
la colonne vertébrale	spine	spaïn
la côte	rib	rib
le cou	neck	nèk
le doigt	finger	**finn**gë
le dos	back	bak
l'estomac	stomach	**steum**ëk
le foie	liver	**li**vë

CONVERSATION

la gorge	throat	THroot
la jambe	leg	lèg
la langue	tongue	teunng
la main	hand	Hannd
le nez	nose	nooz
l'œil	eye	aï
l'oreille	ear	**ii**-ë
l'orteil	toe	too
l'os	bone	boonn
la peau	skin	skin
le(s) pied(s)	foot (feet)	fout (fiit)
le pouce	thumb	THeumm
le poumon	lung	leunng
le rein	kidney	**kid**nii
le sang	blood	bleud
la tête	head	Hèd
la vessie	bladder	**bla**dë
le visage	face	fééss

Santé de la femme

la contraception	contraception	konntrë**sèp**chënn
le gynécologue	gynaecologist	gaïnë**ko**lëdjist
la ménopause	menopause	**mè**nnëporz
l'ovaire	ovary	**oo**vërii
la pilule	the Pill	DHë pil
les règles	period(s)	**pii**riiëd(z)
l'utérus	uterus	**iou**tërëss
le vagin	vagina	vë**djaï**në

Je suis enceinte de trois mois.
I am three months pregnant.
aï amm THrii meunTHss **prègn**ënt
(je suis trois mois enceinte)

Je prends la pilule.
I am on the Pill.
aï amm ònn DHë pil
(je suis sur la pilule)

Je n'ai pas eu mes dernières règles.
I missed my last period.
aï mist maï laast **pii**riiëd
(j'ai manqué ma dernière période)

Soins médicaux

Vous entendrez peut être :

Ce n'est rien.
It's not serious.
itss nott **sii**riiëss

Il vous faut garder le lit pendant quelques jours.
You need to stay in bed for a few days.
iou niid tou stéé in bèd for ë fiou dééz

Je vais vous prescrire un antibiotique / des médicaments.
I'm prescribing you some antibiotics/drugs.
aïm prë**skraï**binng iou seumm anntibaï**o**tikss/dreugz

Avez-vous des allergies ?
Do you have any allergies?
dou iou Hàvv ènni **a**lëdjiiz

Vous devrez aller à l'hôpital.
You'll have to go to hospital.
ioul Hàvv to goo tou **Hoss**pitël

Vous devez voir un spécialiste.
You need to see a specialist.
*iou niid tou sii ë **spè**chëlist*

Voici l'ordonnance.
Here's the prescription.
***Hii**-ëz DHë prë**skrip**chënn*

Diagnostic

Vous avez...	You have...	*iou Hàvv*
une angine.	a sore throat.	*ë sor THroot*
une déchirure musculaire.	a torn muscle.	*ë tornn **meu**ssël*
un déboîtement.	a dislocation.	*ë disslë**kéé**chënn*
une foulure.	a sprain.	*ë spréénn*
une fracture.	a fracture.	*ë **frak**tchë*
la grippe.	(the) flu.	*flou*
des hémorroïdes.	haemorrhoids.	***Hè**mmëroïdz*
une hernie.	a hernia.	*ë **Heu**nia*
~ discale.	a slipped disc.	*ë slipt disk*
une indigestion.	indigestion.	*indë**djèst**chënn*
une infection.	an infection.	*ënn in**fèk**chënn*
une inflammation.	swelling.	***souè**linng*
une insolation.	sunstroke.	***seun**strook*
une intoxication alimentaire.	food poisoning.	*foud **poïzë**ninng*
une pneumonie.	pneumonia.	*niou**moo**nia*
un torticolis.	a stiff neck.	*ë stiff nèk*
un ulcère.	an ulcer.	*ënn **eul**ssë*
un virus.	a virus.	*ë **vaï**rëss*

Chez le dentiste

Certains dentistes sont conventionnés auprès du **NHS**, mais la plupart sont privés.

un abcès	an abscess	ënn **ab**sèss
une carie	a cavity	ë **ka**viti
une dent	a tooth	ë touTH
le dentier	dentures	**dènn**tchëz
un dentiste	a dentist	ë **dènn**tist
une molaire	a molar	ë **moo**lë
un plombage	a filling	ë **fi**linng

Où puis-je trouver un dentiste ?
Where can I find a dentist?
ouèr kann aï faïnd ë **dènn**tist

Cette dent me fait mal.
This tooth hurts.
DHiss touTH Heuts

J'ai un abcès.
I have an abscess.
aï Hàvv ënn **ab**sèss

J'ai perdu un plombage.
I have lost a filling.
aï Hàvv lost ë **fi**linng

Chez l'opticien

les lentilles de contact	contact lenses	**konn**takt **lèn**zëz
~ dures/souples	hard/soft ~	Haad/soft ~
les lunettes	glasses/spectacles	**glaa**sëz/**spèk**tëkëlz
les lunettes de soleil	sunglasses	**seun**glaassëz
~ de vue	prescription ~	prë**skrip**chënn ~
un verre	a lens	ë lènz
une monture	frames	fréémz
un examen de la vue	an eye test	ënn aï tèst

J'ai cassé mes lunettes. Pouvez-vous les réparer ?
I have broken my glasses. Can you repair them?
aï Hàvv **broo**kën maï **glaa**sëz. kann iou rii**pair** DHëm

J'ai besoin de lentilles de contact souples.
I need some soft contact lenses.
aï niid seumm soft konntakt lènzëz

Est-ce que vous vendez des lunettes de soleil ?
Do you sell sunglasses?
dou iou sèl **seun**glaassëz

Pharmacie

Je cherche une pharmacie.
I am looking for a chemist.
aï amm **lou**kinng for ë **kè**mmist

Je suis allergique à…
I am allergic to…
aï amm ë**leu**djik tou

J'ai besoin de quelque chose [pour] contre…*	I need something for…	aï niid **seum**THinng for
une ampoule.	a blister.	ë **bliss**të
des coups de soleil.	sunburn.	**seun**beun
la diarrhée.	diarrhoea.	daï-ë**rii**ë
la gueule de bois.	a hangover.	ë **Hanng**oovë
le mal de gorge.	a sore throat.	ë sor THroot
le mal de mer.	seasickness.	**sii**siknèss
le mal de tête.	a headache.	ë **Hèd**éék
le mal des transports.	travel sickness.	**tra**vël **sik**niss
une piqûre (guêpe, abeille, etc.).	a sting.	ë stinngg
~ autres insectes, serpent	a bite.	ë baït
le rhume.	a cold.	ë kold
la toux.	a cough.	ë koff

* En français on demande un médicament contre quelque chose alors que les Britanniques veulent quelque chose pour !

Avez-vous... ?	Do you have...?	dou iou Hàvv
de l'aspirine	aspirin	**ass**prinn
un bain de bouche	a mouthwash	ë **maouTH**ouoch
un bandage/pansement	a bandage	ë **bann**dëdj
des calmants (anti-douleurs)	painkillers	**péén**kilëz
un désinfectant	a disinfectant	ë dissin**fèk**tënt
des gouttes ~ pour le nez/les oreilles/les yeux	drops nose/ear/eye ~	dropss nooz/**ii**-ë/aï ~
de l'iode	iodine	**aï-ë**diinn
un laxatif	a laxative	ë **lakss**ëtif
de la ouate	cotton wool	**ko**tënn ououl
un répulsif à insectes	insect repellent	**inn**sèkt rëpè**lënt
des pansements adhésifs	plasters	**plaass**tëz
un sirop contre la toux	cough syrup	koff **si**rëp
des somnifères	sleeping pills	**slii**pinng pilz
des suppositoires	suppositories	së**pozi**triz
des pastilles pour la gorge	throat lozenges	THroot **lo**zindjëz
un thermomètre	a thermometer	ë **THeumom**ëtë

Le don des langues

Rejoignez la communauté
des assimilistes sur Facebook

www.facebook.com/editions.assimil

- → actualités,
- → exclusivités,
- → concours,
- → histoire de la marque,
- → nouveautés,
- → extraits audio...

et sur les autres réseaux sociaux :

vimeo.com/assimil

soundcloud.com/assimil

twitter.com/EditionsAssimil

www.youtube.com/user/MethodeASSIMIL

Restez en contact avec la Newsletter Assimil
www.assimil.com

Index thématique

A
Abréviations courantes **82**
Accessoires et produits de toilette **140**
Accord/désaccord **59**
Achats (chercher un article) **131-132**
Achats (magasins et services) **130-131**
Activités **66-67**
Activités (loisirs) **107-108**
Administration **105-106**
Âge **64**
Aide (demander de l'~) **79-81** ; **148**
Ambassade/consulat **105**
Amour **72**
Argent **84** ; **106-107**
Avion **84-85**

B
Banque **106-107**
Bateau **90-91**
Bière **127-128**
Boissons (alcoolisées et autres) **127-130**
Boîte de nuit **101**
Bus **98**

C
Camping **109**
Camping (équipement) **109-110**
Car **88**
Change (bureau de ~) **84**
Charcuterie **123**
Chaussures **136**
Chaussures (pointures) **134**
Cinéma **100-101**
Concerts **100-101**
Condiments **125**
Corps (parties du ~) **149-150**
Couleurs **137**
Courrier **102**
Cuisson (viande) **127**
Curiosités (touristiques) **99-100**

D
Date (dire la ~) **75-76**
Dentiste **152-153**
Desserts **121** ; **125**
Deux-roues **89-90**
Direction (demander/indiquer une ~) **92** ; **95-97**
Douane **83**
Douleurs **149**

E
Écriteaux **81-82** ; **94**
E-mail **104-105** ; **145-146**
Emplois **66-67**
Entreprise (locaux) **145**
Entreprise (le personnel d'~) **144**
Entreprise (visite) **143-144**
Études **67**
Expositions **98-99** ; **146**

F

Famille (enfants) **64-65**
Famille (membres de la ~) **65**
Famille (situation familiale) **64**
Fast-food **126**
Femme (santé de la ~) **150-151**
Ferry **90-91**
Fruits **124-125**

G

Garage **93**
Gibier **123**

H

Hébergement **110-112**
Heure **72-74**
Hôtel (équipement utile) **113**
Hôtel (petit-déjeuner) **113-115**
Hôtel (problèmes dans la chambre) **115-116**
Hôtel (réception) **112-113**
Hôtel (régler) **116-117**
Hôtel (réservation) **111-112**
Hôtel (services) **113**

I

Informatique **145-146**
Internet **104-105**
Invitation **70-71**

J

Jours fériés **78-79**

L

Légumes **124**

Lieux de culte **68**
Librairie, revues, journaux **132-133**
Loisirs (activités) **107-108**

M

Magasins **130-131**
Médecin (consultation) **147-148**
Médecin (diagnostic, soins) **151-152**
Médecin (parties du corps) **149-150**
Médecin (symptômes et douleurs) **148-149**
Météo **69**
Métiers **66-67**
Métro **98**
Moto **89-90**
Musées **98-99**

N

Nationalités **62-63**
Nourriture (aliments) **122-125**
Nourriture (préparation) **127**
Nourriture (restauration) **118-120**
Nourriture (spécialités et plats traditionnels) **115** ; **120-122**

O

Opticien **153-154**
Orientation **95-97**

P

Papeterie **132-133**
Pays **63**
Panneaux **81-82** ; **94-95**

Petit-déjeuner **113-115**
Pharmacie **154-155**
Photo **138-139**
Piscine **107-108**
Plage **107-108**
Poisson **122-123**
Police (déclaration de perte ou de vol) **105-106**
Politesse **59**
Poste (la ~) **102**
Préparations culinaires **127**
Présentations **61**
Presse **132**
Pressing **133**
Produits d'entretien **141**
Provenance (pays) **62-63**
Provisions (supermarché) **139-140**
Pub (Public House) **117** ; **126-130**

Q
Questions/Réponses **59-60**

R
Religions **67-68**
Rencontre **61-62**
Rendez-vous (aborder quelqu'un) **71-72**
Rendez-vous (fixer un ~ professionnel) **142-143**
Restaurant (commander) **118-119**
Restaurant (en cas de problème) **119-120**
Restaurant (régler) **119**

Restaurant (réserver) **118**
Restauration rapide **126**

S
Saisons **77**
Salons et expositions **146**
Salutations **57-58**
Santé **147-155**
Santé (de la femme) **150-151**
Secours **79-80** ; **148**
Sentiments **70**
Soins médicaux **151-152**
Sorties (cinéma, théâtre, concert etc.) **100-101**
Souvenirs **141-142**
Spécialités culinaires **115** ; **120-122**
Spectacles **100-101**
Sports de loisir **107-108**

T
Tabac **137-138**
Taxi **89**
Téléphone **102-104**
Téléphone (conversation au ~) **103-104**
Temps (jour, semaine etc.) **75-76**
Temps (locutions temporelles) **76-77**
Temps (météo) **69**
Temps (moments de la journée) **73**
Théâtre **100-101**
Titres (madame etc.) **58**

Train **86-87**
Tramway **98**
Transports publics **98**

U
Urgences (accident de la route) **80** ; **148**
Urgences (appel à l'aide) **79-80**
Urgences (médicales) **147-148**
Urgences (numéros de téléphone) **79**

V
Vélo **89-90** ; **108**
Vêtements et accessoires **135-136**
Vêtements (essayage de ~) **134-135**
Vêtements (tailles) **134**
Viande **123**
Viande (cuisson) **127**
Ville (orientation) **95-97**
Visites **98-101** ; **146**
Voiture (circuler en ~) **92**
Voiture (louer une ~) **91**
Voiture (pièces de ~) **94**
Voiture (problème mécanique) **93**
Vol (en cas de ~) **105-106**
Volaille **123**

Anglais - N° édition: 4200
Achevé d'imprimer en octobre 2022
Imprimé en Roumanie par Tipografia Real